W0172410

Martin Carne

Opa, erzähl mal, wie's damals war

Martin Carne

Opa, erzähl mal, wie's damals war

Geschichten von früher

benno

Inhalt

Kennen Sie Klara?

Kennen Sie Klara? Klara Klement aus der Meierstraße? Na ja, macht nichts. Ich stelle sie Ihnen jetzt mal vor. Sie werden sie mögen.

Also, Klara ist sechs Jahre alt und geht seit dem letzten Sommer sogar schon zur Schule. Mit ihren dunkelbraunen, kurzgeschnittenen Haaren und den blitzenden schwarzen Augen und den lustigen Grübchen ist sie ihrer Mama wie aus dem Gesicht geschnitten. Deshalb liebt ihr Papa sie auch so sehr. Und Oma und Opa sind total vernarrt in sie. Aber zu denen kommen wir gleich noch.

Klara ist lebhaft und fast ständig in Bewegung; das Stillsitzen im Unterricht fällt ihr manchmal noch ziemlich schwer. Gut, dass es Pausen gibt, in denen man sich austoben kann! Aber sie ist auch sehr, sehr neugierig und wissensbegierig. Und deshalb geht sie gerne zur Schule.

Und nun möchte ich Ihnen auch noch Klaras Großeltern vorstellen. Fast hätte ich das vergessen. Trotz seiner fünfundsiebzig Lebensjahre hat Herr Klement noch volles, aber schneeweißes Haar. Er ist groß, schiebt allerdings ein Wohlstandsbäuchlein vor sich her. „Das steht mir dienstgradmäßig zu", sagt er immer.

Frau Klement ist im gleichen Alter wie ihr Mann. Auch sie ist etwas rundlich, strahlt aber sehr viel

Herzenswärme aus. Klara hat einmal über sie behauptet: „Meine Oma ist so dick, weil sie so voller Liebe ist."

Mit das Beste an Klaras Oma und Opa ist, dass sie in der gleichen Stadt wohnen, sogar ganz in der Nähe. Und dass vor allem Opa auch ganz vernarrt in das kleine Mädchen ist. Er nennt sie immer „meine Prinzessin", und das gefällt ihr. Dann stellt sie sich vor, dass sie in einem prunkvollen Schloss wohnt, prachtvolle kostbare Kleider trägt und …

Aber das wollte ich Ihnen eigentlich jetzt gar nicht erzählen. Was wollte ich denn sagen? Ach ja: Wenn Klara ihre Hausaufgaben gemacht hat, dann flitzt sie oft zu Oma und Opa rüber. Die haben immer Zeit für sie. Und Omas selbstgebackene Kekse sind auch nicht zu verachten. Opa unternimmt oft etwas mit seiner kleinen Prinzessin. Die beiden fahren gerne mit VW Käfer Fridolin durch die Gegend – dann sehen sie Interessantes und erleben Schönes. Dabei weiß der stolze Großvater seiner kleinen Prinzessin immer wieder Spannendes zu erzählen und zu erklären.

Hätten Sie Lust, die beiden dabei zu begleiten?

Ihr
Martin Carne

Mitten im Winter wachsen Blumen

„Gewonnen!" Die sechsjährige Klara riss triumphierend ihre Arme hoch. Sie hatte beim Mensch-ärgere-dich-nicht als Erste alle ihre Steine ans Ziel gebracht. Sie freute sich wie eine Schneekönigin. Sie war sonst ziemlich helle. Aber sie merkte nicht, dass ihre Großeltern ein bisschen zugunsten ihrer Enkelin geschummelt hatten. Oder sie wollte es nicht merken. Hauptsache sie war Siegerin!

Die drei saßen an einem Januartag im Wohnzimmer des Hauses von Herrn und Frau Klement. Dort verbrachte das Kind meistens seine Nachmittage. Fast am liebsten war es ihm allerdings, wenn es mit Opa und Fridolin einen Ausflug machte. Der alte VW Käfer von Klaras Großeltern blieb heute aber in der Garage. Es schneite nämlich. Zwar taute der Schnee gleich wieder weg, aber Opa wollte trotzdem nichts riskieren. Deshalb blieben die beiden lieber zu Hause bei der besten Oma von allen. Herr Klement hatte den Kaminofen angeheizt. Die brennenden Holzscheite gaben eine wohlige Wärme ab. Der pensionierte Lehrer konnte oft lange einfach den Flammen zuschauen. Seine Enkelin nicht. Die war dazu zu temperamentvoll und lebhaft.

„Heizt ihr eigentlich nur mit Holz?", fragte die Erstklässlerin und sah zu dem Kaminofen hin.

„Natürlich nicht", lachte ihr Großvater. „Dieses Ding benutzen wir nur als Zusatz. Wir haben eine Gaszentralheizung. Der Ofen steht im Keller. Er versorgt die Heizkörper in allen Räumen mit heißem Wasser. Natürlich nur da, wo wir den Regler aufdrehen."

„So ist das bei uns auch", sagte das Mädchen. „Aber ich glaube, wir heizen mit Öl."

„Richtig", antwortete ihr Opa. „Das wird bei euch im Keller in zwei großen Tanks gelagert."

Er schwieg kurz. Er schien sich an etwas zu erinnern. Dann sagte er:

„Wenn ich daran denke, wie es früher war! Da stand im Wohnzimmer ein großer eiserner Ofen. Aber ohne so ein Fenster drin. Darin verbrannten wir zuerst Holz und später dann Kohle. Die Briketts mussten wir immer aus dem Keller holen – zwei Treppen runter, zwei Treppen rauf. Und dabei musste man aufpassen, dass man sich daran nicht schmutzig machte."

„Und was war mit den anderen Räumen?"

„Im Badezimmer stand noch so ein Ofen. Damit erhitzten wir samstags auch das Badewasser. Aber in den Kinderzimmern und im Schlafzimmer wurde nicht geheizt."

„Brrr! Da war es dann im Winter bestimmt ganz schön kalt, oder?"

„Das kann man wohl sagen! Wir haben uns abends immer sehr beeilt, den Schlafanzug anzuziehen. Und dann schnell unter das dicke Federbett. Manchmal

gab unsere Mutter uns Wärmflaschen mit heißem Wasser, damit wir überhaupt einschlafen konnten. Die mussten aber in ein Handtuch eingewickelt werden, damit man sich nicht daran verbrannte."

„Aber dann wurde es richtig schön gemütlich warm", fügte Frau Klement hinzu. „Nur dass man da am nächsten Morgen wieder raus musste. Das war gar nicht lustig."

Klara schmunzelte. „Das kann ich mir vorstellen."

„Aber wenn es so richtig kalt war, wurden wir dafür mit wunderschönen Blumen belohnt", sagte ihr Mann geheimnisvoll lächelnd.

„Opa, erzähl mir keine Märchen – daran glaube ich nicht mehr!"

„Das stimmt aber", sagte ihre Oma. „Die waren über Nacht auf der Fensterscheibe gewachsen – man nennt sie deshalb ‚Eisblumen'."

„Echt?"

„Die sieht man fast nicht mehr", erzählte Herr Klement. „Heute haben wir überall Doppelfenster. Das sind zwei Glasscheiben. Zwischen denen ist etwa so viel Platz, dass ein Finger reinpassen würde. Da ist natürlich Luft drin, und die isoliert. Das heißt: Die Kälte kommt nicht von draußen rein. Selbst wenn über Nacht der Heizkörper aus ist. Dann ist es im Zimmer trotzdem wesentlich wärmer als draußen."

„Aber damals gab's das noch nicht", sagte seine Frau.

„Genau", fuhr Klaras Opa fort. „Abends waren die Scheiben oft beschlagen. Da waren viele, viele winzige Wassertropfen am Glas. Du kennst das von meinem Auto, wenn man da nicht rausgucken kann. Dann muss man die Fenster von innen abwischen."

„Ja, das kenne ich."

„Und über Nacht ist diese Feuchtigkeit dann zu Eis geworden. Dabei bildeten sich diese schönen Blumen."

Er stand auf und nahm ein Buch aus dem Regal. Er blätterte darin herum und zeigte seiner Enkelin schließlich ein entsprechendes Foto.

„Wunderschön", sagte sie.

„Wenn man die Scheibe anhauchte, schmolz das Eis an dieser Stelle", sagte Frau Klement. „Aber bald fror sie wieder zu."

„So was möchte ich in meinem Zimmer auch haben!", wünschte Klara sich.

„Sei froh, dass es nicht so ist", antwortete ihr Opa. „Du weißt ja gar nicht, wie angenehm es mit unseren modernen Heizungen ist. Später haben wir dann zwar auch mit Öl geheizt. Aber in jedem Raum stand ein extra Ofen. In den musste man das Öl mit einer Kanne einfüllen. Manchmal ging dabei was daneben. Das musste man sofort wegwischen. Und es roch gar nicht gut!"

„Na, dann gehe ich jetzt mal in unsere gasbeheizte Küche und mache uns zum Abendessen auf dem Elektroherd Würstchen warm", sagte Oma.

„Lecker!" Erst jetzt merkte die Kleine, dass ihr Magen knurrte.

Amsel, Drossel, Fink und Star

Klara hatte bei ihren Großeltern übernachten dürfen. Das genoss die Sechsjährige immer sehr. Unter anderem weil sie bei denen nicht ganz so „früh" ins Bett geschickt wurde wie zu Hause. Na ja, es war ja Wochenende. Da konnte sie dann auch morgens länger schlafen. Leider klappte das besonders jetzt im Frühjahr manchmal nicht so gut.

„Wünsche, wohl geruht zu haben!", scherzte ihr Opa.

Noch im Nachthemd kam die Kleine die Treppe herunter. Oma und Opa warteten schon mit frischen Brötchen auf sie. Hier durfte sie sogar vor der Morgentoilette frühstücken – cool!

„Ich bin gestört worden!", beklagte sie sich.

„Vom wem denn?"

„Ein Vogel hat mich geweckt. Der hat ganz laut gesungen, dabei war es noch dunkel. Ich konnte lange nicht wieder einschlafen."

Ihr Opa war Lehrer gewesen und hatte früher unter anderem Biologie unterrichtet.

„Das war bestimmt eine Amsel", sagte er. „Die ist jetzt im Frühling ein absoluter Frühaufsteher. Ich mag ihren Gesang sehr."

„Ich auch. Aber nicht, wenn ich schlafen will", maulte Klara, immer noch müde.

„Das verstehe ich. Dennoch liebe ich die Amseln. Gerade weil sie schon singen, wenn es noch stockdunkel ist. Ich nenne sie den Vogel des Glaubens. Sie wissen, dass es bald hell wird. Darauf freuen sie sich. Darum singen sie schon im Dunklen fröhlich."

„Das verstehe ich nicht so ganz."

„Nun, der Vogel weiss nicht, dass es hell werden wird, aber er glaubt daran, und deshalb singt er so fröhlich. Ähnlich ist es mit unserem Glauben an Gott. Wir sehen ihn noch nicht, aber wir glauben an ihn. Es gibt so manches, was uns traurig macht, aber wir freuen uns darauf, einmal bei ihm zu sein, wo es keine Traurigkeit mehr geben wird. Das gefällt mir." Er lächelte.

„Genau wie die Amsel sollen auch wir nie die Hoffnung aufgeben", fügte seine Frau hinzu. „Deine Familie musste ja nach dem Krieg aus Ostpreußen fliehen. Und da war es sozusagen auch erst einmal ganz dunkel um euch. Aber Gott hat euch auf der Flucht bewahrt und euch hier eine neue Heimat finden lassen."

„Und vor allem dich, meine Liebe", bestätigte er. „Sonst wären wir beide uns wohl nie begegnet."

Frau Klement nickte und strahlte. Voriges Jahr hatten sie ihre Goldene Hochzeit gefeiert. Sie waren immer noch so glücklich miteinander wie eh und je. Ihr Mann legte einen Arm um sie und drückte sie an sich.

Dann kam er noch einmal auf das Thema „Vögel" zurück. Das waren nämlich seine Lieblingstiere.

„Aber es hat sich bei ‚Amsel, Drossel, Fink und Star' allerhand verändert. Und das nicht unbedingt zum Guten."

Seine Enkelin wandte ihrem geliebten Opa ihre volle Aufmerksamkeit zu. Sie wusste: Jetzt bekam sie wieder etwas Interessantes zu hören.

„Prinzesschen, wann hast du zum letzten Mal einen Sperling gesehen?"

„Sperling? Was ist das denn?"

„Du bist wirklich ein typisches Großstadtkind!" Herr Klement verdrehte die Augen.

„Aber das liegt nicht nur an dir, mein Schatz. Die Sperlinge oder Spatzen sind ganz unscheinbare Vögel."

Er fand im Schrank ein Fachbuch und zeigte seiner Enkelin ein Foto. Dann sagte er:

„Es gibt bei uns nicht mehr allzu viele von ihnen. Aber als ich jung war, waren sie eine regelrechte Plage."

„Plage? Wieso Plage?"

„Weil sie so zahlreich waren. Und weil sie den Menschen das Getreide wegfraßen. Vor Jahrhunderten hat man deshalb immer wieder regelrechte ‚Spatzenkriege' geführt, um sie auszurotten. Glücklicherweise ist das nie gelungen. Aber auch noch in meiner Kindheit und Jugend haben bei uns auf dem Dorf viele Leute mit Luftgewehren auf Sperlinge geschossen. Ich glaube allerdings, das war verboten."

„Wie kann man nur solche niedlichen Piepmätze umbringen?"

„Das verstehe ich eigentlich auch nicht", antwortete Opa. Und er fuhr fort:

„Ähnlich ist es bei den Staren. Die sind nicht allzu groß und haben ein schillerndes Gefieder."

Auch dazu fand er ein passendes Foto.

„O wie hübsch!", rief Klara.

„Die gab es früher ebenfalls in rauen Mengen. Heute werden es immer weniger", erklärte Herr Klement.

„Die brauchen nämlich Wiesen. Auf denen leben ganz viele verschiedene Insekten, die sie fressen können. Früher ließ man mal einen Acker ein Jahr lang in Ruhe, ohne etwas darauf anzupflanzen. Da fühlten sich diese Vögel wohl. Heute hat man dagegen riesige Flächen, auf denen nur Mais oder Raps wächst. So groß, dass man das Ende gar nicht sehen kann. Für Stare und andere Singvögel ist das nichts."

„Und was ist mit den Amseln?"

„Von denen gibt es leider auch nicht mehr allzu viele. Eine Menge von ihnen ist in den letzten Jahren an einer Krankheit gestorben. Deshalb bin ich froh, dass in unserem Garten ein Amselpärchen nistet. Wenn ich von deren Gesang morgens aufwache, freue ich mich. Ich höre ihnen dann dankbar zu."

„Ich nicht", sagte das Mädchen entschlossen. „Ich will um die Zeit schlafen. Nächstes Mal mach ich das Fenster zu, wenn die so rumlärmen."

Wieder verdrehte ihr Opa die Augen. Aber er liebte sein Prinzesschen trotzdem.

Schule anno dazumal

„Wohin fahren wir heute, Opa?"

Dass ihr Großvater an diesem herrlichen Frühlings-tag mit ihr wieder einen Ausflug machen würde, das stand für Klara außer Frage. Und sie sollte sich nicht täuschen.

„Nach Luisenfehn, mein Schatz."

„Ist das weit weg? Und was wollen wir da?"

„Das sind zwei Fragen auf einmal", schmunzelte Herr Klement. „Luisenfehn liegt in Ostfriesland. Und ich will da mal wieder hin, weil ich in diesem Dorf aufgewachsen bin. Meine Mutter ist ja mit uns vier Kindern im Januar 1945 aus Ostpreußen geflo-hen. Und dort sind wir damals gelandet. Ich möchte dir etwas zeigen. Wir haben nur eine gute Stunde zu fahren."

„O ja, Opa!"

Auf meist schnurgeraden Straßen rollte der alte VW Käfer dahin. Großvater und Enkelin erfreuten sich am ersten frischen Grün der Bäume, die teilweise die alten Chausseen säumten. Sonst gab es aber nicht allzu viel zu sehen in der dünn besiedelten Gegend.

„Da sind wir", sagte Herr Klement auf einmal. Sie fuhren in ein sauberes Dorf hinein. Die Häuser wa-ren alle aus roten, gebrannten Klinkersteinen. Vor einem doppelstöckigen Gebäude hielt er das Auto an.

„Hier haben wir gewohnt, in der oberen Etage", sagte er. Er führte seine Enkelin hinter das Haus. Dort befand sich ein großer Garten mit Blumen, Gemüse und ein paar Sträuchern.

„Da haben wir gespielt", sagte der Großvater. „Von diesem Apfelbaum bin ich mal runtergefallen. Dabei habe ich mir den rechten Arm gebrochen."

„Hattet ihr denn keinen Sandkasten und keine Schaukel?", fragte das Mädchen.

„Doch, schon. Aber die sind inzwischen verschwunden. Anscheinend wohnen hier keine Kinder mehr." Die beiden stiegen wieder ein und fuhren noch ein Stück die Dorfstraße entlang. Vor einem alten, niedrigen Haus mit Strohdach stiegen sie wieder aus. „Kindertagesstätte Kibitznest" stand auf einem großen Schild über der Eingangstür.

„Hier bin ich zur Schule gegangen", erzählte der pensionierte Lehrer.

Klara kannte ihren Opa gut. Sie wusste: Jetzt erzählte er gleich wieder interessante Sachen aus seiner Kindheit. Aber erst einmal lud er sie zum Essen ein. Sie fuhren in die benachbarte Kleinstadt und setzten sich in ein gemütliches, kleines Restaurant. Das Mädchen wählte natürlich Spaghetti mit Tomatensoße. Ihr Großvater zog ein saftiges Steak vor. Als sie danach je einen Eisbecher genossen, fing Herr Klement an:

„Luisenfehn hatte damals mal gerade vierhundert Einwohner. Deshalb gab es bei uns nur eine sogenannte ‚Zwergschule'."

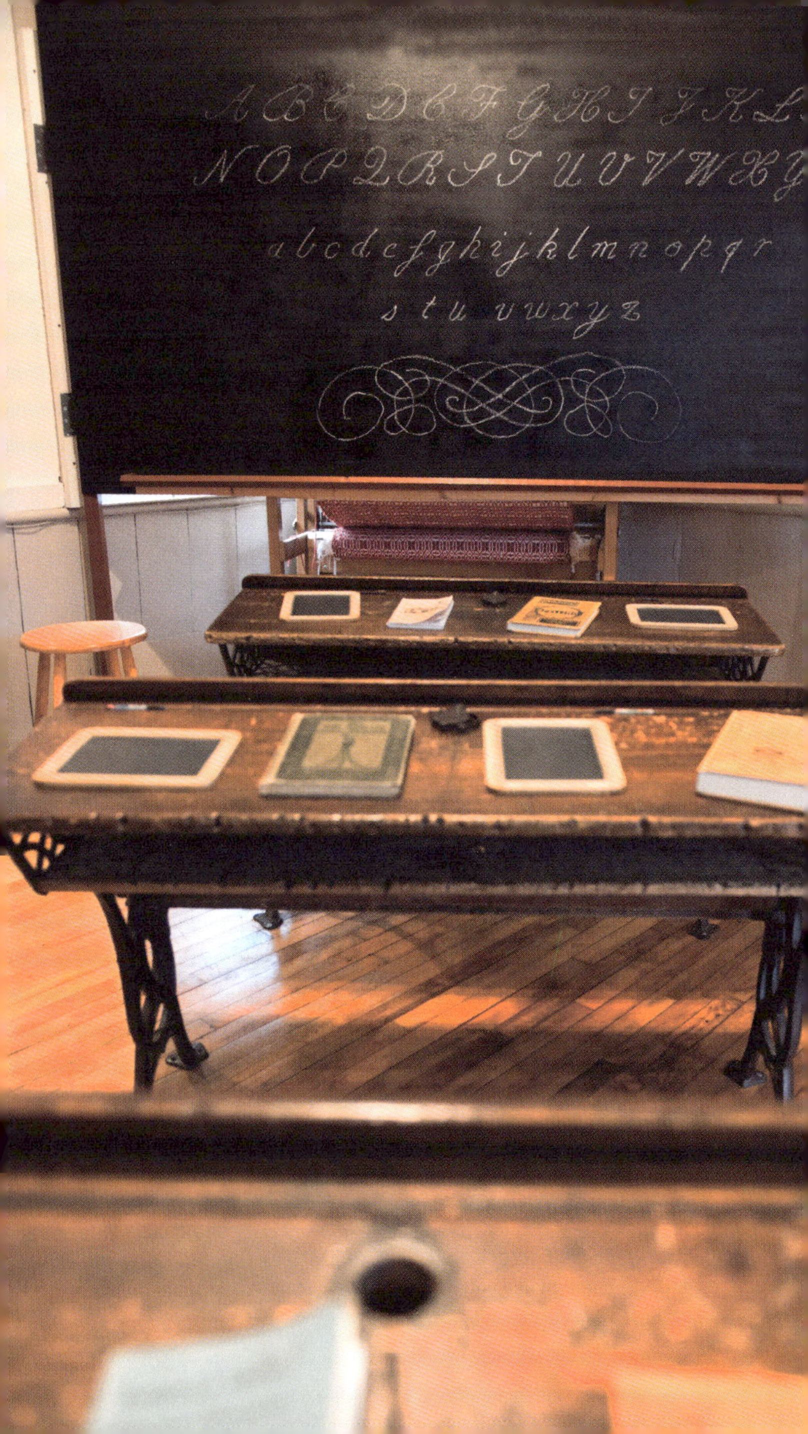

„Wieso? Wart ihr alle noch so klein?"

„Nein, klein war die ‚Penne', wie wir Schüler das etwas respektlos nannten. Es gab nur zwei Klassenräume und zwei Lehrer. Das kannst du mir glauben, Prinzesschen!" Er merkte, dass die Kleine schon wieder dachte, dass er nur Witze machte.

„In einem Zimmer waren das erste bis zum vierten Schuljahr und im anderen das fünfte bis zum neunten."

„Und das hat funktioniert?"

„Sehr gut sogar. Der Lehrer oder die Lehrerin konnte natürlich immer nur ein Schuljahr auf einmal unterrichten. Die anderen mussten solange schriftlich Rechenaufgaben lösen oder Schönschreiben üben oder so was Ähnliches."

„Schönschreiben?"

„Ja, wir haben damals noch zusätzlich zur modernen Schreibschrift die alte Sütterlinschrift gelernt. Die kennst du nicht mehr, aber die haben bis 1945 alle Leute benutzt. Ich zeige sie dir mal zu Hause."

„Und sonst? Was habt ihr sonst noch gemacht?"

„Die Erstklässler lernten noch auf kleinen Schiefertafeln schreiben. Das sparte Papier, was damals teuer war. Man benutzte nämlich einen Griffel. Dieser war auch aus Schiefer. Das ist eine besondere Art Stein. Man konnte sein Gekritzel mit einem nassen Lappen abwischen und dann die Tafel wieder neu beschriften."

„O wie praktisch!"

„Ja, schon. Aber wir waren stolz, wenn wir dann

später wie die Großen mit Bleistiften in richtige Hefte schreiben durften."

„Nicht mit Tinte?"

„Wo denkst du hin? Füllfederhalter durften wir erst ab der vierten Klasse haben. Kugelschreiber waren verboten. Und Filzstifte gab es meines Wissens noch gar nicht."

„Waren die Lehrer streng?"

„Sehr. Da fing man sich schon mal eine Ohrfeige ein oder bekam was mit dem Rohrstock, wenn man sich danebenbenahm. Das habe ich als Lehrer später nie so gemacht. Aber es passierte damals auch ziemlich selten. Unsere Grundschullehrerin war unheimlich nett zu uns. Manchmal sagte der eine oder andere ABC-Schütze aus Versehen ,Mutti' zu ihr. Später wurde diese Schule geschlossen. Seitdem müssen alle Schüler mit dem Fahrrad oder Bus in die Kreisstadt. Schade eigentlich."

„Ja, das ist wirklich schade."

Auf der Rückfahrt schlief Klara ein. Sie träumte von Apfelbäumen, Schiefertafeln und Erdbeereis mit Sahne.

Kalter Kaffee

Die kleine Klara liebte nicht nur ihren Opa sehr, sondern auch ihre Oma. Aber es gab auch Sachen bei ihr, über die sie sich immer wieder wunderte. Wie zum Beispiel die Tasse mit einem Rest kalten Kaffees, die immer auf dem Fensterbrett in der Küche stand. Aus der nahm sie ab und zu einen Schluck und genoss den sichtlich.

Die Erstklässlerin hatte einmal an der Tasse ihrer Mama genippt und konnte sowieso nicht verstehen, warum die Erwachsenen dieses furchtbar bittere Zeug so gerne mochten. Sie fand, es wurde auch mit Milch und Zucker nicht viel genießbarer. Aber sie wusste auch: Normalerweise mochten die Großen ihren Kaffee am liebsten so heiß, dass sie sich fast die Zunge daran verbrannten. War er zu sehr abgekühlt, sagten sie verächtlich: „Das ist doch kalter Kaffee!" So nannten sie auch andere Dinge, die sie nicht gut fanden.

„Opa, sag mal, warum mögt ihr dieses Gesöff eigentlich so gerne?"

„Das ist eine lange Geschichte."

So was sagte Herr Klement oft, wenn sie ihn etwas fragte. Und sie wusste: Danach erzählte er immer etwas Interessantes. Sie schleppte einen Hocker neben seinen Schreibtisch und setzte sich drauf. Ihr Opa drehte seinen Bürostuhl so, dass er seine kleine Prinzessin ansehen konnte, und fing an:

„Richtigen Kaffee macht man aus den Bohnen des Kaffeestrauchs. Man nennt sie auch ‚Kaffeekirschen‘. Die sind eigentlich grün und riechen fast nach nichts. Aber dann werden sie geröstet, also stark erhitzt. Dadurch werden sie dunkelbraun und entwickeln ihr starkes Aroma.“

„Und diesen ekeligen bitteren Geschmack.“

„Du nennst ihn ekelig, Oma und ich finden ihn lecker.“

„Und was macht man dann damit?“

„Früher hat man sie mit einer Kaffeemühe gemahlen. Das ist ein Kasten, in den die Kaffeebohnen eingefüllt werden. Dann dreht man oben eine Kurbel und unten kommt das feine Kaffeemehl heraus. Das geht übrigens ziemlich schwer.“

„Und dann?“

„Ja, das kommt drauf an. Früher hat man einfach heißes Wasser draufgegossen und den Kaffee dann so getrunken. Dabei bekam man aber auch immer etwas von dem Kaffeemehl in den Mund. Und das wollte man nicht. Allerdings sagte man oft scherzhaft, das sei ja schließlich das Teuerste vom Kaffee – im Gegensatz zum Wasser.“

„Und deshalb hat man sich was Besseres einfallen lassen?“

„Genau. Das war schon der Filterkaffee, der heute immer noch die beliebteste Zubereitung ist. Dazu nahm man eine Art Trichter aus Porzellan. Da tat man einen besonderen Filter aus Papier rein. Und dann goss man das kochend heiße Wasser da drauf. So kam das Kaffeemehl nicht in die Tasse."

„Und heute geht das automatisch mit Kaffeemaschinen, nicht wahr?"

„Richtig. Wobei es inzwischen auch noch modernere Geräte gibt. Die mahlen nur jeweils die erwünschte Menge Kaffeebohnen und pressen dann das Wasser unter hohem Druck da durch. Oder man nimmt dazu Kapseln aus Aluminium oder Beutel aus dünnem Papier. Und heute gibt es unzählige Kaffee-Arten wie Espresso, Cappuccino, Latte Macchiato und was weiß ich alles. Mir reicht aber der gute alte Filterkaffee."

„Jetzt weiß ich aber immer noch nicht, warum Oma ihn so gerne auch kalt trinkt."

„Lass mich doch ausreden, mein Schatz! Im Krieg und in der ‚schlechten Zeit' danach war echter Kaffee, also Bohnenkaffee, äußerst knapp und teuer. Den konnten sich die wenigsten Leute leisten. Wenn sie überhaupt welchen ergattern konnten. Aber man wusste sich zu helfen. Die meisten tranken Ersatzkaffee aus gerösteten Getreidekörnern oder Löwenzahnwurzeln. Oder man verwendete Feigen, Eicheln, Bucheckern oder Kastanien. Sogar Möhren, Dattelkerne, Traubenkerne, Hagebutten, Kartoffeln, Mandeln oder Zuckerrüben. Die wurden ähnlich behandelt wie Kaffeebohnen."

„Ih – hat das etwa geschmeckt?"

„Nicht besonders – viele Leute nannten das verächtlich ‚Lorke' oder ‚Muckefuck'. Aber wir tranken das damals, weil wir nichts anderes hatten. Und

das Aroma erinnerte wenigstens ein bisschen an richtigen Kaffee."

Klara lachte. „‚Muckefuck' finde ich gut!"

„Aber was haben wir uns nach richtigem Bohnenkaffee gesehnt! Nach einigen Jahren gab es dann endlich wieder welchen, den man sich halbwegs leisten konnte. Gott hat es gut gemeint mit unserem Volk, sodass wir bald keinen Mangel mehr leiden mussten. Schlimm, dass wir das heute meistens als selbstverständlich ansehen. Wo war ich stehen geblieben? Ach ja: Oft wurden grüne Kaffeebohnen verkauft. Die haben wir dann zu Hause selbst in der Bratpfanne geröstet. Da musste man sehr aufpassen, dass sie einem nicht verbrannten. Aber schon dabei konnte man den köstlichen Geruch genießen."

„Jetzt will ich aber endlich wissen, was das mit Omas kaltem Kaffee zu tun hat."

„Das ist doch klar: Wer so lange auf seinen geliebten Bohnenkaffee hat verzichten müssen, der vergeudet keinen Tropfen davon. Bei uns bleibt beim Frühstück aber immer ein bisschen übrig. Den gießt Oma in eine Tasse und stellt ihn auf die Fensterbank in der Küche. Da wird er natürlich kalt. Das hält sie aber nicht davon ab, immer wieder mal einen Schluck davon zu trinken und zu genießen."

„Ach so ist das! – Opa, riechst du das auch? Ich glaub, die Oma kocht schon wieder welchen."

„Na super. Ich habe sowieso schon wieder richtig Kaffeedurst."

Was ist am Ende des Regenbogens?

„April, April, der macht, was er will!" Vor wenigen Minuten noch hatte die Sonne geschienen. Aber jetzt kämpften die Scheibenwischer von Herrn Klements altem VW Käfer mit dem Regen, der auf die Windschutzscheibe prasselte. Der ältere Herr musste langsam fahren, weil er nur wenig sehen konnte.

„Opa, wo fährst du heute mit mir hin?", fragte Klara. Mit ihr machte er gerade wieder einen der Ausflüge, die sie so liebte.

„Ich wollte dir wieder mal eine alte Ritterburg zeigen", antwortete er.

„Au ja, das mag ich!"

„Na ja, aber ob daraus was wird bei dem Wetter?" Ihr Opa runzelte die Stirn, fuhr jedoch weiter. Dabei musste er einigen Pfützen ausweichen, um keine Fußgänger nass zu spritzen.

Nach einer Weile ließ der Regen nach, und Herr Klement hielt plötzlich an.

„Komm, steig aus", sagte er und schnallte seine Enkelin los. „Es gibt was Schönes anzugucken."

Das Mädchen gehorchte und staunte: Über den ganzen Horizont spannte sich ein riesiger Halbkreis, wie mit einem Tuschkasten in den buntesten Farben gemalt.

„Das ist voll cool!"

Herr Klement freute sich sehr darüber, dass seine kleine Prinzessin den Anblick dieser Naturerscheinung so genoss.

„Kann man den anfassen?", fragte die Kleine.

„Nein, leider nicht", lachte ihr Opa. „Ein Regenbogen ist nur ein Lichtband. Das entsteht, wenn das Sonnenlicht auf viele Wassertropfen trifft. Wie zum Beispiel jetzt, wo die Sonne schon wieder scheint, obwohl es noch regnet."

Der pensionierte Lehrer war zwar Fachmann für Biologie und nicht für Physik. Trotzdem hätte er seiner wissbegierigen Enkelin den Regenbogen noch näher erklären können. Aber er verzichtete darauf. Denn das hätte sie wohl noch nicht verstehen können. Und wirklich interessiert hätte es sie auch nicht.

Klara starrte immer noch wie gebannt auf den fast kitschig bunten Regenbogen.

Nach einer Weile sagte Herr Klement: „Komm, Klara, lass uns weiterfahren. Ich kann dir unterwegs noch mehr darüber erzählen."

„Na gut", sagte das Mädchen. Es krabbelte wieder auf den Rücksitz und ließ sich von seinem Opa auf dem Kindersitz anschnallen.

„Interessant ist zum Beispiel, was die Leute früher dachten, wenn sie einen Regenbogen sahen", fuhr Herr Klement fort, als das Auto sich wieder in Bewegung gesetzt hatte. „Die Germanen waren Vorfahren von uns, die vor etwa zweitausend Jah-

ren gelebt haben. Die hielten den Regenbogen für eine Brücke zu den Göttern."

„Aber da sind ja gar keine Stufen dran. Da wäre man doch immer wieder runtergerutscht", kicherte Klara.

„Da hast du recht", schmunzelte auch ihr Opa. „Die Leute in Irland dagegen glaubten, dass ein Kobold am Ende des Regenbogens seinen Goldschatz vergraben hat."

„Toll, den würde ich gerne finden und ausgraben!"

„Das ist aber leider nur eine Legende, also eine Art Märchen."

„Schade."

Inzwischen hatten sie die versprochene Ritterburg erreicht. Es war jetzt trocken. Die beiden besichtigten die Burgruine und erklommen den gut erhaltenen, hohen Turm. Auf der schier endlosen Treppe mussten sie immer wieder kurz haltmachen. Aber als sie oben wieder ins Freie traten, hatte sich die Mühe gelohnt: Sie genossen einen herrlichen Rundumblick auf die Frühlingslandschaft.

„Opa, was haben wohl die Ritter gedacht, wenn sie hier oben standen und einen Regenbogen sahen?"

„Süße, das kann ich nur vermuten. Aber es ist gut möglich, dass dem einen oder anderen dann Folgendes einfiel: Gott will uns damit daran erinnern, dass wir uns ganz fest auf ihn verlassen können."

„Das verstehe ich nicht."

„Nun, in der Bibel wird von einer ganz furchtbaren Flutkatastrophe berichtet. Die nennt man die Sintflut. Nur ein Mann namens Noah und seine Familie hat sie überlebt auf einem Schiff. Du hast doch sicher schon von der ‚Arche Noah' gehört?"

„Ja, das hab ich."

„Als alles vorbei war, hat Gott zu Noah gesagt, dass so etwas nie wieder geschehen wird. Und dass der Regenbogen ihn und seine Nachkommen immer wieder an dieses Versprechen erinnern soll. Und das hat Gott ja auch bis auf den heutigen Tag gehalten. Deshalb ist der Regenbogen ein Sinnbild der Treue Gottes."

„Ach, so ist das also!"

Aber dem Temperamentsbolzen wurde es schon wieder langweilig. Deshalb begann Klara den langen Abstieg. Ihrem Opa blieb nichts anderes übrig, als seinem kleinen Schatz zu folgen. Den hatte er nicht am Ende eines Regenbogens gefunden, sondern in einer Babywiege. Und er hätte ihn nicht gegen alles Gold der Welt eingetauscht. Niemals!

Mondscheintarif

Wieder einmal traf die sechsjährige Klara an einem frühen Nachmittag bei ihren Großeltern ein.

„Hallo, lieber Opa", sagte sie fröhlich, als der ihr die Tür öffnete. „Machen wir heute wieder einen Ausflug mit Fridolin?"

„Heute nicht, Prinzesschen. Es sieht sehr nach Regen aus, und dann hätten wir wenig davon."

„Wie schade!"

„Wir unternehmen aber trotzdem etwas miteinander."

Klara runzelte verwirrt die Stirn. Das verstand sie nicht.

„Wir machen eine Reise in die Vergangenheit", erklärte Herr Klement. „Ich habe gestern etwas auf dem Dachboden gefunden. Das wird uns dabei helfen."

Auf dem Wohnzimmertisch befand sich ein Gegenstand. Der war mit einem Tuch abgedeckt.

„Wobei dieses Ding noch gar nicht so furchtbar alt ist", fuhr er fort. „Aber die Technik hat sich in letzter Zeit rasend schnell weiterentwickelt."

Er entfernte das Stück Stoff.

„Hast du so was schon einmal gesehen?", fragte er seine Enkelin.

„Nur auf Fotos", antwortete sie. „Ist das ein Telefon?"

„Die Kandidatin hat hundert Punkte", lächelte der pensionierte Lehrer.

Klara nahm den Hörer ab, der ihr sehr groß und klobig vorkam. Sie hielt ihn ans Ohr, hörte aber natürlich nichts. Der Apparat war ja nicht angeschlossen.

„Und wie bedient man dieses Monstrum?"

„Siehst du das runde Ding mit den Löchern? Unter jedem von ihnen steht eine Zahl von eins bis neun und dann die Null. Du musst deinen Zeigefinger bei der richtigen Ziffer reinstecken und dann die Scheibe bis zum Anschlag drehen. Dann loslassen, und dann kommt die nächste. Wenn du die richtige Zahlenkombination gewählt hast, bekommst du den gewünschten Teilnehmer an die Strippe."

„Und wenn nicht? Wie macht man eine automatische Wahlwiederholung?"

„So was gab's damals noch nicht. – Oft kam man besonders bei Ferngesprächen nicht gleich durch. Dann musste man die Prozedur erneut so lange durchgehen, bis es klappte. Da konnte man sich fast buchstäblich die Finger wundwählen. Später gab es dann allerdings auch Telefone mit Zifferntasten. Das kam uns wahnsinnig fortschrittlich vor."

„Fortschrittlich?" Klara schüttelte ungläubig den Kopf.

„Ja, und es gab noch mehr Nachteile. Siehst du das Kabel, das hinten an dem Apparat hängt?"

„Wozu braucht man das denn?"

„Damit war das Telefon fest mit dem Anschluss in

der Wand verbunden. Die heutigen Schnurlostelefone kann man ja überall hinlegen und benutzen. Davon haben wir früher noch nicht einmal geträumt. Das Gerät stand meistens im Flur, und zum Telefonieren saß man dann auf der Treppe."

„Wie altmodisch!"

„Im Übrigen hatte noch in den Sechzigerjahren längst nicht jeder Privathaushalt so einen Apparat. Das war damals noch fast ein Luxus."

„Echt? Konntet ihr dann gar nicht telefonieren?"

„Doch. Es gab ja schließlich Telefonzellen. Das waren kleine, gelbe, verglaste Häuschen. In denen hing ein Telefon an der Wand. In das musste man Münzen einwerfen, um es zu benutzen."

„Na ja – umständlich, aber besser als gar nichts."

„Das sagst du so, mein Schätzchen. Aber die Praxis sah meist anders aus: Wenn man so eine Zelle gefunden hatte, war sie meistens besetzt. Und davor warteten schon Leute, die ebenfalls telefonieren wollten. Da stand man dann bei Regen und Kälte, bis man endlich dran war."

„Wie ätzend!"

„Deshalb hing oft ein Schild an der Wand mit der Aufschrift ‚Fasse dich kurz.'

Aber es gab noch mehr Probleme: Manche Münzen nahm der Apparat nicht an – die fielen einfach durch. Und tagsüber fraß der eine ganze Menge Geld."

„Papa sagt, wir zahlen eine Pauschale. Das bedeutet, dass uns nicht jedes einzelne Gespräch etwas kostet."

„Stimmt, aber auch das gab es damals noch nicht. Wir hatten jedoch den sogenannten ‚Mondscheintarif‘.“

„Mondscheintarif?“

„Ja, abends ab 22 Uhr wurde das Telefonieren sehr viel billiger. Dann reichten die Münzen wesentlich länger. Das haben deine Oma und ich in unserer Verlobungszeit immer ausgenutzt. Wir wohnten nämlich weit auseinander und haben dann stets sozusagen im Mondschein miteinander telefoniert.“

„O, wie romantisch!“

„Na ja, so romantisch nun auch wieder nicht. Ständig klopften Leute an die Scheibe, die auch telefonieren wollten. Aber das hat uns zwei Verliebte nicht übermäßig gestört. Wir hatten uns ja soooo viel zu sagen!“

„Opa, ich glaube, ihr seid immer noch schwer verliebt!“

„Ja, meine Süße, das sind wir.“

Als Opa schwimmen lernte

„Wir fahren zum Neudorfer See", erklärte Herr Klement seiner Enkelin schon, bevor es losging. Dieser schöne Frühsommertag musste natürlich für einen Ausflug genutzt werden.

„Das ist ein Baggersee. Da war meine Mutter mit uns früher oft am Wochenende. Dort habe ich auch schwimmen gelernt."

Er war froh, dass Klara inzwischen ein Seepferdchenabzeichen am Badeanzug trug. Das bedeutete, dass sie schon einigermaßen schwimmen konnte. Am See gab es nämlich keinen Bademeister. So würde Herr Klement sie nicht ganz so ängstlich im Auge behalten müssen, wenn sie sich im kühlen Nass vergnügte. Ihm selbst war es zum Baden zu kalt.

Seine Enkelin war eine ausgeprägte Wasserratte. Sie war bereits passend angezogen. Kaum waren die beiden am Ufer angekommen, legte sie schnell ihre Oberbekleidung ab und stürmte in den See.

Der Senior stellte inzwischen einen mitgebrachten Klappstuhl auf. Er setzte sich und beobachtete das Treiben der Badenden.

Einige Zeit später kam ein tropfnasses kleines Mädchen zu ihm. Ihr klapperten die Zähne, und sie hatte blaue Lippen.

„Schätzchen, du bist viel zu lange im Wasser gewesen", sagte ihr Großvater etwas erschrocken. Er rubbelte sie mit einem großen Handtuch ab. Dann legte er ihr einen Bademantel um, unter dem sie sich umzog. Sie setzte sich auf den Schoß ihres Opas. Der schlang seine Arme um sie, und langsam wurde ihr wärmer.

Sie schaute Herrn Klement an. „Hast du wieder was Interessantes zu erzählen?", fragte sie.

„Kann schon sein."

„Ich höre."

„Habe ich schon erzählt, dass ich an diesem See schwimmen gelernt habe?

Klara schüttelte den Kopf.

„Aber das habe ich ganz ohne Hilfe gemacht. Einen Bademeister hat es hier nie gegeben."

„Wie hast du das denn geschafft?"

„Eigentlich ganz aus Versehen. Ich hatte zum Geburtstag einen Schwimmring bekommen. Damit konnte ich mich gut über Wasser halten, auch im Tiefen."

„Und dann?"

„Eines Tages kam ich aus dem Wasser an den Strand zurück. Da stellte ich überrascht fest, dass im Schwimmring fast keine Luft mehr war. Der hatte wohl ein kleines Loch. Ich war also schon eine ganze Zeitlang ohne seine Hilfe geschwommen. Das hatte ich nur nicht gemerkt."

„Na ja, dann brauchtest du das olle Ding ja auch nicht mehr."

„Genau. Seitdem kann ich schwimmen. Ich habe den Ring dann gleich in einen Mülleimer geworfen.

Und war stolz wie ein Spanier."

„Was du so alles erlebt hast, Opa!"

„Soll ich dir noch was erzählen?"

Klara rutschte von seinem Schoß. Sie setzte sich ihm gegenüber im Schneidersitz auf den Sand. Sie war gespannt, was jetzt kommen würde.

„Ein paar Wochen zuvor waren wir auch hier. Wir hatten ein quietschgelbes Schlauchboot mit Rudern. Meine Mutter hatte vorne auf beiden Seiten mit roter Farbe seinen Namen ‚Robinson' aufgemalt. Damit konnte man wunderbar im Wasser rumtoben."

„Das macht Spaß!"

„Und wie! Eines Tages fuhr meine Mutter mit Onkel Kurt und mir auf den See raus. Onkel Georg blieb mit Tante Christine am Strand zurück. Für fünf Leute war das Boot nämlich zu klein.

Wir hatten alle unser Badezeug an. Plötzlich machte mein Bruder Kurt einen Hechtsprung ins Wasser. ‚Spring du doch auch', rief meine Mutter. Das musste sie mir nicht zweimal sagen. Ich ließ mich senkrecht ins Wasser fallen und riss dabei die Arme hoch. Ich vergaß allerdings den Schwimmring um meinen Bauch. Als ich unter Wasser ging, hielten meine Arme ihn ja nicht fest. Also blieb er an der Oberfläche. Ich kam neben dem Ding wieder hoch. Und kriegte einen Riesenschreck. Ich konnte zu dem Zeitpunkt ja ohne diese Hilfe noch nicht schwimmen."

„Au weia!" Auch Klara war erschrocken. „Und dann?"

„Wie immer in solchen Situationen, blieb meine Mutter ganz ruhig. ‚Du musst paddeln wie ein Hund!‘, rief sie. Das tat ich und kam so zum Rand des Bootes zurück. Da half sie mir, mich hochzuziehen. Und den Schwimmring konnten wir auch wieder an Bord nehmen.“

„Gott sei Dank! Da hast du sicher große Angst gehabt?“

„Wie gesagt, erst mal habe ich mich erschrocken. Aber ich wusste ja: Meine Mutter ist da. Und die lässt nicht zu, dass ich ertrinke.“

„Cool.“

„Und genauso habe ich in diesem Moment und in meinem ganzen Leben immer gewusst und auch erlebt: Gott passt auf mich auf.“

Inzwischen war seine Enkelin aber schon nicht mehr bei der Sache. Sie schielte auf die mitgebrachte Kühlbox.

„Opa, Oma hat gesagt, da ist Vanille-Eis drin!“

Oldtimer

Klara interessierte sich nicht nur für Computerspiele, Smartphones, Dinosaurier und Einhörner, sondern auch für Technik. Vor allem für Autos. Das hatte sie ebenfalls mit ihrem geliebten Opa gemeinsam. Nur dass das pfiffige kleine Mädchen auf moderne, sportliche Flitzer stand. Herr Klement dagegen zog seinen VW Käfer vor. Den hegte und pflegte er so gut, dass er wie fabrikneu aussah. Er war aber schon 1972 vom Band gerollt.

„Was findest du so toll an diesem Schlaglochsucher (dieses Wort hatte sie irgendwo aufgeschnappt und fand es super)? Der hat ja nur 40 PS – das ist doch nichts gegen die 200 PS von Papas neuem BMW!", sagte sie oft. „Und es gibt in deinem Liebling noch nicht einmal eine Klimaanlage. Die hat heute jedes neue Auto. Nur in deinem schwitzt man sich im Sommer kaputt!"

Wegen der Klimaanlage kabbelten sich die beiden sehr oft – natürlich immer im Spaß.

„Ach weißt du, Prinzesschen", sagte Herr Klement dann und strich ihr liebevoll über das glänzende, dunkle, kurzgeschnittene Haar, „die heutigen Autos sehen doch alle gleich aus. Die haben keine Seele. Und wer langsam fährt, kommt auch zum Ziel. Und wenn ich mit meinem Fridolin fahre, dann kommen so viele Erinnerungen hoch."

„Erinnerungen?"

„Ja. Ich werde nie vergessen, als meine Mutter genug Geld zusammengespart hatte, um unser erstes Auto zu kaufen. Das war auch ein VW Käfer, aber noch älter, Baujahr 1953. Der war grün und hatte ‚amerikanische Stoßstangen'. Und eine ziemlich kleine Heckscheibe. Natürlich gebraucht gekauft. Der leistete nur 30 PS, aber das reichte damals völlig. Vor allem meine Brüder und ich waren stolz wie Spanier, wenn meine Mutter mit uns darin sonntags Ausflüge machte. Unser Auto hatte ein großes Stoffschiebedach. Wenn man das ganz aufmachte, kam man sich fast vor wie im Cabrio."

Da musste selbst Klara zugeben, dass es eigentlich schade war, dass es so was in modernen Autos in der Form kaum noch gab.

„Was war das für ein Abenteuer, als wir 1956 damit über die Alpen nach Italien fuhren! Auf den steilen Bergstraßen blieben viele andere, größere Autos mit kochendem Kühler liegen. Und unser luftgekühlter Käfer krabbelte langsam, aber zuverlässig an ihnen allen vorbei. Jaja, das waren noch Zeiten", seufzte Herr Klement.

Klara begann auf einmal, den alten Fridolin mit etwas anderen Augen zu sehen.

Ihr Opa erzählte ihr, dass man solche über dreißig Jahre alten Autos „Oldtimer" nennt.

„Das kommt von den englischen Wörtern für ‚alt' und ‚Zeit'", sagte er. „Und ich bin längst nicht der Einzige, der auf solche Schnauferl steht", fügte er hinzu. „Weil Fridolin in so einem Top-Zustand ist, hat man mir schon viel Geld dafür geboten. Das würde gut für einen neuen BMW reichen. Den will ich aber nicht."

„Das ist ja Wahnsinn!"

„Ist es auch, denn dafür hätte man damals mindestens zehn VW ,Käfer' kaufen können. Aber wie gesagt, es gibt Leute, die so alte Autos unheimlich toll finden. Deshalb bezahlen sie so viel Geld, um eins davon zu ergattern. Jedenfalls wenn es in einem guten Zustand ist."

Herr Klement zwinkerte mit den Augen. „Was alt und unmodern ist und nicht so viel leisten kann wie neue Sachen, ist deshalb noch lange nicht wertlos."

Klara zwinkerte zurück und strahlte ihren Opa an. „Genau wie du, Opa!"

Da musste Herr Klement seine Enkeltochter knuddeln, was sie sich gerne gefallen ließ.

„Und ich bin so froh", fügte er hinzu, „dass Gott über uns alte Leute genauso denkt."

„Woher weißt du das?"

„Du hast doch bestimmt schon einmal etwas von Abraham gehört, oder?"

„Ja. Der hat so einige spannende Dinge mit Gott erlebt."

„Genau. Das ging aber erst los, als er schon fünfundsiebzig Jahre alt war – für Gott war er damit noch lange nicht zu alt. Und in der Bibel steht, dass graues Haar ein würdevoller Schmuck ist."

Eine Woche später fuhren die beiden zu einer Old-

timer-Ausstellung. Da zeigte Herr Klement seinem Prinzesschen noch mehr Autos, die in seiner Jugend mal topmodern gewesen waren. Klara fand inzwischen auch, dass diese viel interessanter waren als die heutigen Wagen.

Da stand ein rotweißer BMW Isetta aus den Fünfzigerjahren. Der hatte nur eine Tür, und zwar vorne. Wenn man die öffnete, klappte das Lenkrad mit vor. Und es passten nur zwei Leute auf die einzige Sitzbank. Aber das Wägelchen sah echt niedlich aus. Man nennt es auch „Knutschkugel". Und damals war man froh, nicht mehr auf dem Motorrad Wind, Regen und Kälte ausgesetzt zu sein. Auch wenn damals noch nicht alle Autos eine Heizung hatten.

Witzig fand Klara auch den kleinen, flachen Messerschmitt-Kabinenroller mit nur drei Rädern. Dessen Dach bestand aus einer Plexiglashaube, die an eine Flugzeugkanzel erinnerte. Wenn man ein- oder aussteigen wollte, musste man sie zur Seite umlegen.

Und dann war da noch die ‚Ente‘, der Citroën 2 CV, knallrot lackiert. Der sah fast aus wie aus den Dreißgerjahren. Der hatte noch separate Kotflügel und freistehende Scheinwerfer. Er stand da ziemlich hochbeinig. Herr Klement wies seine Enkelin auf das Stoffdach hin. Das konnte man bis zur Heckscheibe zusammenrollen. Und auf die dünnen Sitze, die wie Gartenstühle aussahen. Die Seitenscheiben konnte man nicht herunterkurbeln, sondern nur den unteren Teil hochklappen. „Und was hat der für einen Motor?“, fragte das wissbegierige Kind.

„Der hat einen luftgekühlten Zweizylinder mit zuletzt sage und schreibe 28 PS. Er ist unwahrscheinlich weich gefedert und schaukelt in den Kurven entsprechend. Aber er kippt nie um, selbst bei Vollgas nicht. Allerdings fährt er eh nicht schnell. Man sagte im Scherz: ‚Die Ente ist das sicherste Auto, das es gibt. Denn wenn irgendwo etwas passiert, ist sie noch nicht da.‘“

Klara hatte sich sofort in den 2 CV verliebt. Überhaupt sah sie Oldtimer jetzt mit ganz anderen Augen. Mit den Augen ihres Opas, der ja in gewisser Weise auch ein Oldtimer war. Einer, den sie sehr liebte.

Ach wenn sie doch ihren Papa dazu überreden könnte, seinen langweiligen neuen BMW zu verkaufen und so ein tolles altes Auto anzuschaffen! Aber der war leider noch nicht vom Oldtimer-Virus infiziert.

„Alles aussteigen!"

Klara Klement verbrachte mit ihrem Lieblings-Opa einen wunderschönen, sonnigen Sommertag am Nordseestrand. Sie hatte schon ausgiebig im Meerwasser geplantscht. Sie hatte Muscheln gesammelt und im Sand gebuddelt. Ihr Großvater hatte der Sechsjährigen eine Currywurst mit Pommes spendiert. Jetzt war die kleine Prinzessin doch ein bisschen müde. Sie setzte sich deshalb zu Herrn Klement in den Strandkorb.

„Na, meine Süße, freust du dich schon auf den Urlaub mit deinen Eltern auf den Malediven?"

„Ach, ich weiß nicht, Opa. Ich freue mich zwar darauf, zum ersten Mal mit einem Flugzeug zu fliegen. Aber dann sehe ich ja zwei Wochen lang nicht den allerbesten Opa, den es auf der ganzen Welt gibt!"

Das ging Herrn Klement natürlich runter wie Öl. Denn er liebte seine Enkeltochter über alles. Außer seiner Frau natürlich.

„Opa, wie und wo habt *ihr* eigentlich damals Urlaub gemacht, als du ein Kind warst?"

„Ich werde nie vergessen, wie wir 1958 in Österreich waren."

„Na dann erzähl mal!" Klara kuschelte sich an ihn und war gespannt wie ein Flitzebogen.

„Tja, das war so: Onkel Kurt und Onkel Georg

hatten damals bereits ihre eigenen Familien. Also sind wir zu dritt gefahren: Meine Mutter, meine Schwester Christine, 14, und ich, 16 Jahre alt. In unserem VW Käfer hatten wir für damalige Verhältnisse also jede Menge Platz. Es gab nur immer Streit, wer von uns beiden jeweils vorne neben unserer Mutter sitzen durfte."

„Papa sagt immer, das ist der gefährlichste Platz, wenn mal was passiert."

„Das stimmt. Wir wollten zum Ossiacher See in Kärnten. Dahin hatten wir über tausend Kilometer zu fahren. Das war damals sehr, sehr weit. Unser VW Käfer schaffte das problemlos. Aber wir mussten unterwegs in Bayern übernachten. Dabei hatte meine Mutter noch nicht einmal im Voraus am Urlaubsort ein Quartier für uns gebucht."

„Echt nicht?"

„Fast das Einzige, was wir vorher taten, war Geld umtauschen."

„Geld umtauschen? Wieso das denn?"

„Schätzchen, damals gab es den Euro noch nicht. Bei uns in Deutschland bezahlte man mit der guten alten D-Mark. Die Österreicher dagegen hatten ihre Schillinge. Eine Mark war etwa sieben Schillinge wert. Das musste man immer umrechnen, wenn man wissen wollte, wie teuer etwas wirklich war."

„Puh, das war aber schwierig!"

„Man gewöhnte sich dran. Jedenfalls konnte meine Mutter dann da unten in einem Dorf in einem

Bauernhaus am Berghang sehr günstig zwei Zimmer für uns mieten."

„Da habt ihr aber Glück gehabt!"

„Ja. Allerdings hatten die noch kein fließendes Wasser."

„Häh?"

„Ne – jedes Zimmer hatte am Bett eine Kommode mit einem Spiegel. Davor stand eine große Schüssel aus Porzellan und daneben eine ebensolche Kanne mit Wasser. Das goss man ein und wusch sich mit Waschlappen. Das ging auch."

„Na ja, aber eine Dusche ist mir lieber."

„Du bist ganz schön verwöhnt, mein Prinzesschen! Morgens bekamen wir ein leckeres Frühstück serviert, jeweils von einer der beiden hübschen Töchter."

„Und was habt ihr den ganzen Tag gemacht?"

„Wir waren unten am See und haben gebadet. Und natürlich haben wir am Strand Federball gespielt und solche Sachen."

„Und mittags seid ihr dann essen gegangen?"

„Von wegen! Das konnten wir uns nicht leisten. Wir durften uns auf dem Bauernhof nach dem Frühstück noch jeder ein oder zwei Brötchen mit Wurst oder Käse als Proviant mitnehmen. Die haben wir dann mittags am See verdrückt. Eine leichte warme Mahlzeit bekamen wir immer abends im Quartier. Das nennt man ,Halbpension.'"

„Habt ihr da auch mal was Besonderes erlebt?"

„Ja. Meine Mutter hat eines Nachmittags ein Segel-

boot gemietet. Damals brauchte man dafür noch keinen Segelschein, und sie kannte sich damit aus."

„Cool – das hat bestimmt Spaß gemacht!"

„Zuerst schon. Aber wir wussten nicht, dass das nicht ganz ungefährlich war. Der See liegt mitten in den Bergen, da kommen manchmal plötzlich unberechenbare Fallwinde die Hänge runter."

„Au weia."

„Das kannst du wohl laut sagen. Mitten auf dem See wollten wir gerade wenden. Da erfasste plötzlich ein ganz kräftiger Windstoß das große Segel. Ehe wir uns versahen, war das Boot gekentert. Und wir lagen alle im Wasser. Glücklicherweise konnten wir gut schwimmen."

„Und dann?"

„Und dann sagte meine Mutter: ‚Alles aussteigen!' Dabei waren wir, wie gesagt, schon im Wasser. Ich wäre fast ertrunken vor Lachen. Und deswegen haben wir später unsere Mutter ihr ganzes Leben lang immer wieder mal wegen dieser Sache ausgelacht. Ach, das sind schöne Erinnerungen! Glücklicherweise hatte der Vermieter vom Strand aus gesehen, was passiert war. Er schickte uns ein Motorboot. Das brachte uns und das gekenterte Segelboot an Land. Ich werde nie vergessen, wie meine Mutter dann mit völlig durchnässten Geldscheinen bezahlt hat."

„Das war ja ein tolles Abenteuer!"

„Ja. Leider ging diese schöne Zeit, wie jeder Urlaub, viel zu schnell wieder zu Ende. Wir mussten uns auf den langen Heimweg machen. Meine Mutter hat zu Hause von Herzen Gott dafür gedankt, dass er unterwegs seine schützende Hand über uns gehalten und uns vor allem Schlimmen bewahrt hat. Es war zwar längst noch nicht so viel Verkehr wie heute, aber es gab ja auch noch keine Sicherheitsgurte und keine Kopfstützen – von ABS und Airbags gar nicht zu reden. Wenn **es dann mal krachte, war es oft sehr schlimm.**"

„Opa, ich bin echt froh, dass dir nichts passiert ist!"

Wunschkinder

„Hallo Oma, hallo Opa, ich bin wieder da!"
Klara hatte bei ihren Großeltern mal wieder sturm-
geklingelt. Wie so oft war sie am Nachmittag zu ihnen rübergeflitzt. Vorher musste die Erstklässlerin
zwar noch ihre Hausaufgaben machen. Aber da sie
alles andere als auf den Kopf gefallen war, ging das
bei ihr immer sehr schnell. Oma und Opa aßen
deshalb stets ziemlich früh zu Mittag. Dann konnten sie noch ein bisschen ruhen, bevor der kleine,
geliebte Wirbelwind bei ihnen eintraf.
Sie war ja so gerne bei ihren Großeltern. Ihre
Mama beschwerte sich oft lachend, dass die beiden
ihre Tochter total verwöhnten. Aber Oma sagte
dann immer, dafür seien Großeltern schließlich da.
Und das fand Klara auch.
„Na, meine Süße, wie war's heute in der Schule?"
Die Kleine verdrehte die Augen, aber so, dass
die Großeltern es nicht sehen konnten. Wie jedes
Schulkind hasste sie diese Frage.
„Heiß war's! Aber leider haben wir trotzdem kein
Hitzefrei bekommen!"
„Mir ist es auch fast zu warm. Deshalb lass uns
heute mal lieber zu Hause bleiben", meinte Opa.
„Finde ich auch. Dein altes Auto hat ja leider keine
Klimaanlage."
Jetzt hätte Herr Klement fast die Augen verdreht.

Klimaanlage! Früher hatte so was so gut wie kein Auto, und man hatte den Sommer immer trotzdem ohne größere Schäden überstanden. Neumodischer Kram!

„Und was machen wir jetzt hier zu Hause?"

Die kleine Prinzessin, wie ihr Großvater sie immer nannte, sah ihn mit großen Augen erwartungsvoll an. Wie sehr er dieses Kind liebte!

„Lass uns einfach auf die Terrasse gehen. Da ist es schattig und einigermaßen kühl."

„Au ja – setzen wir uns wieder auf die Hollywood-Schaukel?"

Jetzt kam auch Klaras Oma aus der Küche. Am Vormittag hatte sie – natürlich – Schokokekse gebacken. Davon lag eine ganze Menge auf einem großen Teller, den sie auf einem Tablett trug. Darauf stand auch eine Karaffe eisgekühlte, selbstgemachte Limonade. Gläser waren natürlich auch dabei.

Frau Klement stellte das Tablett draußen auf einen kleinen Tisch neben der Hollywood-Schaukel. „Viel Spaß, ihr zwei", meinte sie schmunzelnd. „Ihr habt bestimmt wieder viel zu besprechen, und ich habe jede Menge im Haus zu tun." Damit verschwand sie wieder.

„Opa, waff ifft ein Wunffkind?", fragte Klara mit vollen Backen einen Schokokeks kauend.

Herr Klement lachte, wenn auch mit leicht gerunzelter Stirn.

„Jetzt iss mal erst mal deinen Mund leer."

Das Kind gehorchte. Dann wiederholte es seine Frage:

„Opa, was ist ein Wunschkind?"

„Na, das ist doch klar: Es ist ein Kind, das seine Eltern sich gewünscht haben. Wusstest du das etwa nicht?"

„Klar wusste ich das – ich wollte nur mal sehen, ob du es auch weißt." Das Mädchen grinste schelmisch. Aber ihr Opa spürte, dass mehr hinter dieser Frage steckte. Und er täuschte sich nicht.

„Mama und Papa haben mir gesagt, dass ich ein Wunschkind bin."

„Genau, mein Schatz. Du hast ja keine Ahnung, wie wahnsinnig wir uns gefreut haben, als du auf die Welt kamst – Mama und Papa, Oma und ich und die ganze Verwandtschaft", antwortete Herr Klement.

Seine Enkeltochter, sonst so lebhaft und fast immer in Bewegung, lächelte still. Es tat ihr sichtlich gut, was ihr Opa da sagte.

Doch dann verflog ihr glücklicher Gesichtsausdruck plötzlich.

„Opa, wenn es Wunschkinder gibt, gibt es dann auch Kinder, über die sich ihre Eltern gar nicht freuen?"

Jetzt wurde auch Herr Klement sehr ernst.

„Ja, das gibt es leider. Und oft kann man den Eltern noch nicht einmal böse sein deswegen. Wenn sie zum Beispiel schon mehrere Kinder haben und nicht wissen, wie sie für alle das Essen bezahlen

sollen. Oder wenn sie eigentlich gar keine Kinder wollten."

Herr Klement nahm einen großen Schluck Limonade.

„Aber weißt du was? Für Gott sind wir alle Wunschkinder. Er hat uns alle ganz doll lieb."

Klara bekam große Augen. „Wie doll? So wie Mama und Papa und Oma und du mich liebhaben?"

„Noch viel mehr als wir alle zusammen. Und das ist auch ganz schön doll, wie du weißt."

„Ja, das weiß ich, mein lieber Opa. Und ich hab euch genauso lieb!"

Und damit schmiegte sie sich eng an ihn.

„*Dieses war der erste Streich ...*"

„Opa, Leon hat mich geärgert!"

Als Herr Klement seiner Enkeltochter die Tür öffnete, war sie empört. So empört, dass sie vergaß, ihn zu begrüßen.

Ihr Großvater führte Klara ins Esszimmer, wo seine Frau schon mit Kaffee beziehungsweise Kakao und Schokokeksen wartete.

„Was hat er denn gemacht?"

„Dieser Blödmann hat die Türklinke von meinem Zimmer mit Zahnpasta beschmiert. Und zwar von innen. Ich muss in der Nacht wohl fest geschlafen haben. Und ich hab dann heute Morgen voll da reingefasst. O Mann, wenn ich den erwische!"

„Jetzt krieg dich mal wieder ein, mein Mäuschen", sagte ihre Oma beruhigend. „Wir werden uns schon was einfallen lassen, wie du es ihm heimzahlen kannst."

„Außerdem ist diese Zahnpastageschichte ja nun wirklich nicht gerade originell", fügte Herr Klement hinzu. „Wenn ich da an meine Jugendzeit denke ...", sinnierte er.

Die Großmutter schmunzelte. „Wie war das noch mit der Bettdecke?"

„Nach dem Abitur habe ich in den Sommerferien bei Freizeiten für Teenager mitgeholfen. Da war ich dann für ein Zimmer mit zehn bis zwölf Jungen verantwortlich und habe auch bei denen geschlafen. Im Etagenbett. Eines Abends ging ich ins Bett und wollte meine Decke aufschlagen. Aber das ging nicht. Die war steif wie ein Brett. Da hatten die Kerle doch eine Bettenleiter in den Bezug geknöpft. Das war vielleicht ein komisches Gefühl!"

Klara kicherte. Es gefiel ihr, dass ihr Opa offensichtlich über sich selbst lachen konnte.

„Aber das war noch nicht alles. Am nächsten Abend konnte ich meinen Schlafanzug nicht anziehen. Der war auf einem Kleiderbügel aus Draht festgenäht."

„Ist ja irre! Und dann musstest du in Unterwäsche schlafen?"

„Nee. Ich habe keinen Ton gesagt und einen anderen Schlafanzug aus meinem Schrank geholt. Aber am nächsten Abend fand ich den genauso vor wie den ersten – sozusagen verflixt und zugenäht."

„Na, da hatten deine Jungs wohl doch noch gewonnen?"

„Nichts da – ich hatte noch einen dritten."

„Spaßbremse!"

Klara schmunzelte. Oma auch, obwohl sie diese Erlebnisse natürlich längst kannte.

Sie zwinkerte ihrem Mann zu. „Erinnerst du dich noch an die Suppe?"

„Ja, natürlich", antwortete der. „Das war während

meines Studiums, als wir jung verheiratet waren. Du hast ja für uns das Geld verdient, und so haben wir immer zusammen gekocht. Einmal standest du am Herd. Dann hast du mich gebeten, die Suppe weiter gut umzurühren, damit sie nicht anbrennt. Das tat ich. Du hast dich auf einen Stuhl gesetzt und mir eine Weile dabei zugeguckt. Dann bist du schier geplatzt vor Lachen und hast mich darauf aufmerksam gemacht, dass du die Herdplatte längst abgeschaltet hattest. Da blieb mir nichts anderes übrig, als mitzulachen."

„Habt ihr euch öfter mal solche Streiche gespielt?", fragte Klara neugierig, wie sie immer war.

„Ab und zu schon. Ich kannte das von Zuhause. Den besten Streich haben wir alle zusammen meiner Schwester Christine gespielt."

Seine Enkelin war ganz Ohr.

„Die hatte die nervige Angewohnheit, bei jeder Mahlzeit zwischendurch aufzustehen und zur Toilette zu gehen. Damit sie da hinkonnte, mussten auch Kurt und ich uns erheben, damit sie an uns vorbeikam. Gerade das nervte ja so. Meine Mutter ermahnte sie oft, das doch vorher zu machen. Aber sie vergaß es immer. Deshalb beschloss Mutter, ihr eine Lektion zu erteilen."

„Wie denn?"

„Die ganze Familie wurde eingeweiht, nur unsere Schwester natürlich nicht. Eines Tages saßen wir beim Mittagessen. Unsere Mutter hatte gerade alle Teller mit leckerer Linsensuppe gefüllt, und wir wollten anfangen. Da stand Christine wieder einmal auf und verschwand in der Toilette."

„Und dann?"

„Dann holte Mutter blitzschnell ein Fläschchen mit Rizinusöl aus ihrer Schürzentasche."

„Was ist das denn?"

„Das ist ein altes Abführmittel. Ganz leise maß unsere Mutter einen Esslöffel davon ab und rührte es in Christines Essen."

„Und – hat sie was gemerkt?"

„Na ja, sie meinte, dass die Suppe ein bisschen komisch schmeckt. Aber Mutter sagte nur streng: ‚Hier wird gegessen, was auf den Tisch kommt!' Wir anderen beklagten uns natürlich nicht, und so löffelte sie brav ihren Teller leer. Aber am späten Nachmittag rannte sie öfter mal zur Toilette."

Wieder lachten alle drei herzlich.

„Unsere Mutter hat sie dann ‚aufgeklärt' und ihr gesagt, sie solle sich das eine Lektion sein lassen. Und tatsächlich war das Problem seitdem gelöst."

Plötzlich rieb sich Klara die Hände und grinste spitzbübisch.

„Jetzt weiß ich auch, wie ich es meinem Bruder heimzahlen kann! Wo kann man Rizinusöl kaufen?"

Kleider machen Leute

„Oma, guck mal: meine neuen Schuhe!"
Die sechsjährige Klara war froh, dass ihr an diesem frühen Nachmittag nicht ihr Opa die Tür aufmachte. Der hatte für so was keinen Sinn – Männer! Stolz zeigte das Mädchen die Sneaker, die sie am Tag vorher bekommen hatte.
Früher hätte man „Turnschuhe" dazu gesagt. Aber wer das heute tut, macht sich unbeliebt bei den jungen Leuten und wird als total altmodisch abgestempelt.
Die Oma musste sich also etwas Mühe geben, um diese neuen „Sneaker" gebührend zu bewundern.
Dann saßen sie alle drei am Kaffeetisch: Herr und Frau Klement und deren kleine Prinzessin, wie der beste Opa der Welt seine Enkeltochter gerne nannte. Heute gab es zu Kaffee und Kakao einmal nicht Großmutters berühmte Schokokekse, sondern Mohnkuchen. Den aß die Erstklässlerin auch sehr gerne.
„Oma, was für Schuhe hat man eigentlich getragen, als du in meinem Alter warst?", fragte das Mädchen.
„Lass mich nachdenken, das ist ja schon ein paar Jahre her", antwortete Frau Klement. Das war natürlich etwas untertrieben.
„Schwarze Lackschuhe fanden wir damals todschick."

„Lackschuhe?" Klara runzelte die Stirn. Als technikbegeistertes Kind dachte sie dabei an Autolack. Das war eine Vorstellung, die sie schmunzeln ließ.

„Das sind Lederschuhe mit einer besonderen, stark glänzenden Beschichtung. Die sehen tatsächlich aus wie lackiert. Heute trägt man sie fast nur noch zu festlicher Kleidung oder als Tanzschuhe. Aber damals waren sie der Traum jedes kleinen Mädchens. Die wurden aber natürlich nicht geschnürt. Man schloss sie mit einer Lasche und einem Druckknopf."

„Na ja, Hauptsache, euch hat's gefallen damals." Die Kleine konnte sich für diese Fußbekleidung genauso wenig erwärmen wie ihre Oma für die „Sneaker" ihrer Enkelin.

„Und du, Opa? Was für Schuhe hast du damals getragen?"

„Daran erinnere ich mich kaum noch, Süße", antwortete der. „Du weißt doch: Was wir an den Füßen tragen, ist für uns Männer nicht so wahnsinnig wichtig."

Dann erinnerte er sich doch noch an etwas:

„Dabei fällt mir ein, dass ich immer die Schuhe meiner großen Brüder auftragen musste, wenn sie denen zu klein geworden waren. Und das waren im Sommer meist Sandalen und bei schlechtem Wetter Gummistiefel."

„Ja, und auch sonst hat deine Mutter dir so gut wie nie etwas Neues zum Anziehen gekauft. Du hast ja Pullover, Hemden, Hosen usw. immer von Kurt und Georg ‚geerbt', wenn sie da rausgewachsen waren", ergänzte Frau Klement.

„Stimmt", bestätigte ihr Mann. „Geld war bei uns vor allem in den ersten Jahren sehr knapp. Mein Vater war ja im Krieg gefallen, und meine Mutter musste uns allein ernähren. Aber mich hat das nicht gestört. Im Gegenteil: Ich war immer stolz, wenn ich so groß geworden war, dass mir eine abgelegte Hose von einem meiner Brüder passte."

„Mir hätte das aber nicht gefallen, Opa!", meinte Klara.

„Was ich überhaupt nicht leiden konnte, das waren in der ersten Zeit die Leibchen", fuhr der fort.

„Leibchen? Was ist das denn?"

„Das trug man zwischen Unterhemd und Hemd. Da hingen so eine Art Strapse dran. An denen wurden lange, wollene Strümpfe befestigt. Und das mussten auch wir Jungs anziehen unter der Lederhose. Für Mädchen fand ich das ja okay unterm Rock, aber für uns war das einfach nur ätzend. Glücklicherweise kam das dann jedoch bald aus der Mode."

Die Großmutter schaltete sich nochmals ins Gespräch ein: „An der Kleidung sparen musste man allerdings noch eine ganze Weile. Meine Mutter hat manchmal alte Pullover aufgerebbelt und aus der Wolle etwas Neues gestrickt. Und diese Wollpullover waren oft sehr kratzig auf der Haut."

„Ja. Es gab jedoch auch schöne Sachen damals. Zum Beispiel die Nietenhosen, die in dieser Zeit bei uns erst eingeführt wurden", wandte Herr Klement ein.

Seine Enkelin staunte, dass es so viele veraltete Begriffe gab, die für sie neu waren.

Ihre Oma lächelte verschmitzt. „Die sind übrigens heute immer noch hochmodern. Nur dass sie jetzt ,Jeans' genannt werden."

„Ach so!"

„Hast du denn schon mal was von ,Petticoats' gehört?", fragte Herr Klement.

„Was ist denn das schon wieder?"

„Lass mich das mal erklären", sagte die Oma. „Das ist schließlich Frauensache. Also: Ein Petticoat war ein besonderer Unterrock. Sehr weit und bauschig und mit Rüschen und Spitzen verziert. Dadurch standen die Kleider unten weit ab – das sah todschick aus. Besonders beim Tanzen, wenn die Kleider mitschwangen. Und es war damals total ,in'."

Sie holte ein altes Fotoalbum aus dem Wohnzimmerschrank und zeigte ihrer Enkelin entsprechende Aufnahmen von sich selbst und anderen Frauen aus der Familie.

Klara schmunzelte. „Witzig saht ihr aus", sagte sie. Da war ihr Opa aber anderer Meinung. „Witzig? Ich finde das noch heute todschick. Vor allem die weißen Kleider mit großen, runden Farbtupfern in blau oder rot. Es ist zu schade, dass man so etwas Kleidsames heute nicht mehr zu Gesicht bekommt."

„Wart's ab", kommentierte seine Frau. „Irgendwann wird alles wieder mal modern. Vielleicht auch Petticoats und lange, weite Röcke mit großen, bunten Punkten."

Das kostbare Nass

Wieder einmal hatte der treue Fridolin Herrn Klement und seine Enkelin Klara an die Nordsee gebracht. Dieses Mal war aber auch die Oma mitgefahren. Heute knallte nämlich nicht die Sonne unbarmherzig heiß aus einem wolkenlosen Himmel. Das mochte die Dame nämlich gar nicht. Nein, immer wieder einmal schoben sich Wolken davor. Es wehte auch etwas Wind. Der wiederum ließ an der See nicht zu, dass es regnete.

Jetzt saß Frau Klement in einem Strandkorb. Sie genoss die frische, würzige Seeluft und schaute dem Treiben am Strand und im Wasser zu. Klara hatte sich auch schon im Meerwasser vergnügt. Jetzt baute sie mit ihrem Opa eine geräumige Sandburg um Omas Sitz und verzierte das Bauwerk mit Muscheln. Danach ließ der Großvater sich erschöpft auf den Platz neben seiner Frau fallen. Seine kleine Prinzessin war ebenfalls ausgepowert und setzte sich auf einen mitgebrachten Klappstuhl.

„Nun muss ich dir mal was erzählen, was du immer gemacht hast, als du klein warst. So etwa drei Jahre alt", sagte der ältere Herr. „Das weißt du bestimmt nicht mehr, oder?"

„Nein, was denn?"

„Wenn du kleine Wasserratte einen See oder wie

hier das Meer gesehen hast, bist du sofort in voller Montur da reingerannt. So schnell kam keiner hinterher."

„Ehrlich?"

„Ja. Dein Bruder Leon war manchmal ganz verzweifelt. Er sollte auf dich aufpassen, aber du bist ihm immer entwischt."

„Ich liebe nun mal das Wasser", sagte Klara.

„Das kann ich sehr gut verstehen", antwortete der pensionierte Lehrer. „Es ist ja auch eine tolle Sache. Das Meer trägt beispielsweise Schiffe um die ganze Welt in unzählige Häfen. So werden Waren und Menschen transportiert."

„Und man kann darin schwimmen", ergänzte die Erstklässlerin.

„Man kann auch Energie damit gewinnen", sagte ihr Opa. „Früher haben Wasserräder an Bächen zum Beispiel Sägemühlen angetrieben. Damit hat man Bretter zugeschnitten. Heute staut man Flüsse auf mit riesigen Staumauern und lässt dann das Wasser durch Turbinen laufen. Das sind Maschinen, die Strom herstellen. Das ist viel besser als Kraftwerke, die Kohle verbrennen. Oder die gefährlichen Atommeiler."

„Und kosten tut es auch nichts", sagte Klara.

„Kaltes Wasser kühlt auch sehr gut", dozierte Herr Klement weiter. „Sonst würden Automotoren ganz schnell überhitzen und kaputtgehen."

„Aber nicht bei Fridolin", widersprach seine Enkelin. „Sein Motor ist nämlich luftgekühlt." Die Kleine

interessierte sich sehr für Technik und besonders für Autos.

„Was du schon alles weißt", staunte ihr Opa und war stolz auf sein kleines, schlaues Mädchen.

Da sang seine Frau auf einmal laut und fröhlich:

„Wasser ist zum Waschen da,
falleri und fallera.
Auch zum Zähneputzen
kann man es benutzen."

Einige Leute drehten sich erstaunt nach ihr um. Aber sie hörte schon auf. Weiter kannte sie den Text nicht.

„Sie bekommen auch eine Eins im Zeugnis, Frau Klement", scherzte ihr Mann oberlehrerhaft. „Ohne Wasser könnten wir weder unsere schmutzige Kleidung noch uns selbst waschen."

„Och, das würde meinen Bruder wenig stören", kicherte Klara.

„Aber das Beste haben wir noch nicht erwähnt", fuhr ihr Opa fort.

„Das Beste?", fragte das Mädchen erstaunt.

„Ja – man kann es auch trinken!"

„Ach so, du meinst das Mineralwasser, das man in Flaschen kauft?"

„Das auch. Aber bei uns ist das Leitungswasser mindestens ebenso gut und gesund und kostet fast nichts."

„Ich mag aber viel lieber Limonade!", protestierte die Enkelin.

„Das ist viel zu viel Zucker drin", sagte ihre Oma.

„In Afrika, Südamerika und Asien gibt es viele Menschen, die es nicht so gut haben wie wir. Die können keinen Wasserhahn aufdrehen, wenn sie Durst haben. Sie müssen weit laufen zur nächsten Quelle. Und sind gezwungen, das kostbare Nass in Eimern nach Hause zu schleppen. Obendrein ist es oft verschmutzt, und sie werden krank davon. Aber sie haben nichts anderes. Und Limonade oder Cola können sie sich schon gar nicht leisten", fügte der Großvater hinzu.

„Kann man denn gar nicht auskommen, ohne zu trinken?"

„Nein, mein Schatz. Nach etwa drei bis vier Tagen würde man verdursten."

„Echt?"

Herr Klement öffnete die mitgebrachte Kühlbox. Er entnahm ihr eine große Flasche Mineralwasser. Damit goss er drei Gläser voll. Er gab seiner Frau und seiner Enkelin je eins davon. Sein eigenes erhob er dann wie einen Weinkelch und sagte feierlich:

„Ein Prost auf das kostbarste Nass der Welt!"

Das perfekte Apfelmus

In der Küche herrschte emsige Betriebsamkeit. Frau Klement machte Apfelmus. Dabei wurde sie tatkräftig unterstützt von ihrer sechsjährigen Enkeltochter. Die Früchte hatten sie am Tag zuvor zusammen mit dem Großvater im eigenen Garten geerntet. Da stand ein Apfelbaum von einer ganz alten Sorte. Dessen Früchte konnte man in keinem Supermarkt kaufen. Sie waren nämlich ziemlich unansehnlich. Aber der Geschmack war unbeschreiblich!

Zuerst sah die Kleine ihrer Oma nur zu. Schälen konnte die Großmutter nämlich wie eine Weltmeisterin. Das ging blitzschnell und ohne einmal abzusetzen. Gelernt ist gelernt! Auch das Kleinschneiden der Äpfel und das Entfernen des Gehäuses und der Kerne machte sie lieber selbst. Sie dachte daran, was ihre Mutter immer gesagt hatte: „Messer, Gabel, Schere, Licht ist für kleine Kinder nicht."

Aber Klara durfte helfen, die Stücke in einen großen Kochtopf mit etwas Wasser zu tun. Und die entsprechende Herdplatte anstellen konnte sie natürlich auch schon.

Später nahm Frau Klement ein anderes Gefäß und legte ein großes, metallenes Sieb darauf. Das Mädchen gab einige der inzwischen weichen Apfelstückchen hinein. Dann nahm die Großmutter eine Art Holzstampfer mit rundem Kopf und rührte damit die Früchte durch das Gittergewebe.

„Willst du auch mal?" Natürlich wollte die Kleine. Sie gab aber schnell auf, weil das sehr anstrengend war. Sie wusste jedoch: Die Mühe lohnte sich. Denn auf diese Weise kamen keine Pflanzenfasern in das Apfelmus. Und so mochte sie es am liebsten. Und sie wusste auch: Was dabei rauskam, war fast eine Delikatesse.

Plötzlich kicherte Frau Klement trotz der schweißtreibenden Tätigkeit.

„Was lachst du?", fragte Klara erstaunt.

„Mir ist da gerade was eingefallen", sagte ihre Oma und schmunzelte.

„Erzähl mal einen Schwank aus deiner Jugend", sagte ihre Enkelin grinsend. Sie wusste zwar nicht, was ein „Schwank" ist. Aber ihr gefiel diese Redewendung.

„Als ich so alt war wie du, da war ich im Sommer oft bei meiner Tante und meinem Onkel im Münsterland zu Besuch. Das war schön, weil meine Cousine Annemarie genauso alt ist wie ich. Wir hatten viel Spaß zusammen!"

„So wie meine Freundin Emma und ich."

„Ja, genau so. Oft haben wir uns aber auch sehr gestritten."

„Auch wie Emma und ich."

„Richtig. Einmal wurden wir zur Strafe in ein Zimmer geschickt. Da mussten wir eine Stunde lang still sein. Weißt du, wie lang eine Stunde sein kann?"

„Ganz schön lang, zum Beispiel im Matheunterricht."

„Das kann man wohl sagen. Jede von uns musste auf einem Stuhl sitzen und durfte nicht aufstehen. Zwischen uns stand ein Tisch. So konnten wir uns nicht schon wieder in die Wolle kriegen."

„Boah, wie ätzend!"

„Na ja, aber wir sahen dann auf dem Tisch eine große Schale mit Äpfeln. Annemarie nahm einen und biss ein Stück ab. Aber nur ein Stück, dann nahm sie den nächsten. Ich tat dasselbe mit einem anderen. Wenn es darum ging, Dummheiten zu machen, waren wir immer ein Herz und eine Seele."

„Wie Emma und ich."

"Als alle Äpfel angeknabbert waren, legten wir sie wieder in die Schale zurück. Aber so, dass man ihnen nicht ansah, dass ihnen etwas fehlte. Dann kicherten wir leise vor uns hin. Auf einmal verging die Zeit ziemlich schnell."

„Hat denn keiner was gemerkt?"

„Doch, aber erst später. Da gab es ein gehöriges Donnerwetter. Allerdings sahen wir, dass mein Onkel sich dabei ein gewisses Grinsen nicht verkneifen konnte."

„Ich glaube, ich wäre gerne eure Freundin gewesen!", meinte Klara.

„Aber das war noch nicht alles." Die Erinnerung zauberte wieder ein Lächeln auf Frau Klements Gesicht. „Es gab noch eine Apfelgeschichte."

„Erzähl mir die bitte, bitte auch!"

„Na gut. Im Schweinestall wurden nach der Ernte Äpfel gelagert in einem Regal. Eines Tages lungerten wir da herum und sahen die. Sofort wussten wir, was zu tun war."

„Was denn?"

„Na, wir haben die Schweine damit bombardiert."

„Hoffentlich habt ihr denen damit nicht wehgetan!"

„I wo! Erstens warfen wir meistens daneben. Und zweitens hatten wir noch nicht viel Kraft in den Armen. Die Äpfel richteten keinen Schaden an bei den Schweinen. Die quiekten zwar, wenn sie denn doch mal leicht getroffen wurden. Aber sie freuten sich auch. Sie fraßen unsere Wurfgeschosse nämlich mit großem Appetit."

Klara kicherte. Das gefiel ihr!

Doch dann wurde sie ernst und seufzte: „Schade!"

„Was ist schade?"

Die schwarzen Augen des Mädchens blitzten spitzbübisch. „Es ist ja schön, dass Opa und du Äpfel habt. Aber mir fehlen die Schweine dazu!"

„Ohne Gott und Sonnenschein ...“

„Na, wie war's heute in der Schule?“

Da war sie wieder, diese Frage. Kinder hören sie oft, wenn sie nach dem Unterricht nach Hause kommen. Und die meisten hassen sie. Klara Klement ging es nicht anders. Der Erstklässlerin wurde sie heute aber nicht von ihren Eltern gestellt. Nein, sie hatte bei ihrer Mama, wie immer, zu Mittag gegessen. Dann hatte sie ihre Hausaufgaben gemacht. Danach hatte sie die kurze Strecke zu ihren Großeltern zurückgelegt. Ihren Opa und ihre Oma liebte sie über alles. Und bei ihnen verbrachte sie sehr oft ihre Nachmittage.

Jetzt stellte ihr Opa ihr diese Frage. Nicht aus Neugier, sondern aus echter Anteilnahme.

„Opa, du warst doch früher auch Lehrer, nicht?“

„Ja, das weißt du doch, meine kleine Prinzessin!“

„Stell dir mal vor, was *mein* Lehrer heute gesagt hat! Nächsten Sonntag ist ja Erntedankfest. Und er hat behauptet, das ist Blödsinn. Es gibt keinen Gott, dem wir für unser Essen danken müssen. Das Geld dafür verdienen schließlich unsere Eltern.“

„Ach ja?“

„Und in der DDR hätte man zu Recht immer gesagt: ‚Ohne Gott und Sonnenschein fahren wir die Ernte ein‘.“

„An den Spruch erinnere ich mich noch gut. Dagegen hat mal ein Pfarrer mit einem Plakat demonstriert. Auf dem stand: ‚Ohne Regen, ohne Gott geht die ganze Welt bankrott.‘“

„Ja und? Was sagst *du* dazu?“

„Erstens hätte ich gerne mal gesehen, wie die im strömenden Regen das Getreide ernten wollten.“

„Und zweitens?“

„Zweitens muss jeder wissen, ob er an Gott glauben will. Oder ob er lieber daran glauben will, dass es keinen Gott gibt.“

„Und sonst? Was ist mit dem Erntedankfest? Wächst das Korn denn nicht ganz von allein?“

„Auch das ist Ansichtssache. Für uns Christen ist klar: Gott hat die Welt erschaffen. Und Er sorgt dafür, dass die Pflanzen gedeihen und Früchte bringen.“

Er goss sich selbst einen weiteren starken schwarzen Kaffee ein und seiner Enkelin noch mehr warmen Kakao. Dann fuhr er fort:

„Sieh mal: Wir hier in Europa kaufen unsere Lebensmittel im Supermarkt. Wir meinen, es sei selbstverständlich, dass die Regale immer voll sind. Wir bilden uns ein, es sei nichts dabei, dass wir stets viel mehr zu essen haben, als wir brauchen.“

„Ist es das denn nicht?“

„Nein, ganz und gar nicht. Ich habe noch Zeiten erlebt, in denen wir gehungert haben. Damals gab es kaum etwas zu beißen. Das waren die schweren

ersten Jahre nach dem Krieg. In den armen Ländern in Südamerika, Afrika und Asien kennen die Menschen das leider auch heute noch mehr, als ihnen lieb sein kann."

„Ja, davon habe ich in der Schule schon gehört."

„In Haiti zum Beispiel. Das liegt auf der Nachbarinsel von Kuba in der Karibik. Da zerstören schlimme Wirbelstürme immer wieder große Teile der Ernte. Und dann müssen die meisten Leute hungern. In solchen Zeiten gibt es nichts zu kaufen oder nur für viel, viel Geld."

„Wie schrecklich! Kann so was auch bei uns passieren, Opa?"

„Na ja, schlimme Missernten hat es auch bei uns in Europa früher schon manchmal gegeben."

„Welche denn?"

„Ich nenne nur ein Beispiel: Irland vor hundertfünfzig Jahren."

„Was ist da passiert?"

„Die meisten Leute waren sehr arm und ernährten sich hauptsächlich von Kartoffeln. Und dann wütete auf dieser Insel von 1845 bis 1852 ein kleiner Pilz. Der hat diese Früchte auf den Äckern verfaulen lassen. Etwa eine Million Menschen sind dort damals verhungert. Das hat man in Irland bis heute nicht vergessen."

„Das ist ja furchtbar! Kann so was auch bei uns vorkommen?"

„Nein, so nicht. Wir haben heute ja gute Pflanzenschutzmittel. Aber ein schwerer Vulkanausbruch irgendwo auf der Welt könnte sogar in noch viel größeren Gebieten schlimme Missernten verursachen. Das hat es alles schon mehrfach gegeben."

„Opa, ich habe Angst!"

„Das brauchst du nicht, meine Süße." Liebevoll strich Herr Klement seiner Enkelin über das glänzende dunkle Haar. „Als Christen glauben wir, dass Gott es gut mit uns meint. Und dass er für uns sorgt. So habe ich das ja auch damals nach dem Krieg erlebt."

„Na, da bin ich aber froh", sagte die Kleine erleichtert.

„Ich auch. Aber für uns lautet das Motto deshalb eben nicht: ‚Ohne Gott und Sonnenschein fahren wir die Ernte ein.' Sondern wir glauben, was früher alle Menschen noch gewusst haben: ‚An Gottes Segen ist alles gelegen.' Und deshalb feiern wir am nächsten Sonntag wieder das Erntedankfest."

Und dann fragte er Klara: „Magst du einen Apfel? Die sind in unserem Garten dieses Jahr wieder besonders gut gediehen."

Propheten der Hoffnung

„Hallo Opa, was machen wir heute?"

„Nun lass dich doch erst mal drücken und knuddeln, meine Süße!"

Herr Klement umarmte seine Enkelin und drückte ihr einen Schmatz auf die Stirn.

„Weißt du was? Wir haben lange keinen Waldspa-
ziergang mehr gemacht!"

„Aber den Wald kenne ich doch längst – das ist
doch total uncool!"

Falls Sie nicht wissen, was „uncool" ist: Früher
hätte man an dieser Stelle das Wort „langweilig"
gebraucht.

„Sag das nicht, Prinzesschen. Wir waren da zuletzt im Sommer. Aber jetzt sieht der Wald ganz
anders aus. Lass dich überraschen!"

„Na gut, Opa."

„Hallo, mein Schatz, schön, dass du wieder da
bist!" Oma kam aus der Küche. Sie hatte gerade
zwei Bleche mit Schokoladenkeksen in den Back-
ofen geschoben. Die aß ihre Enkeltochter so gerne.

„Viel Spaß, ihr zwei! Wenn ihr zurückkommt,
sind die Kekse fertig. Dann gibt's einen leckeren
Kakao dazu!"

Die beiden fuhren ein Stück mit dem Auto. Am

Anfang eines Waldweges stellte Opa es auf einem Parkplatz ab, und die beiden marschierten los.

Was hatte Opa noch gesagt? „Jetzt sieht der Wald ganz anders aus." Tatsächlich! Nicht dass es in der Stadt keine Bäume gab. Aber diese Veränderungen waren ihr noch kaum aufgefallen.

Sie staunte.

„Opa – was ist passiert? Die Blätter sind ja alle am Verwelken! Viele sind runtergefallen und liegen hier überall herum! Sind die Bäume tot?"

Noch bevor der Großvater antworten konnte, stürmte sie los. Sie entdeckte das herrliche Vergnügen, durch das raschelnde Herbstlaub zu rennen. Das war ja fast so schön, wie in eine Pfütze zu springen! Nur dass Mama dann hinterher immer mit ihr schimpfte, weil sie sich dabei furchtbar dreckig machte. Erwachsene können aber auch schlimme Spaßbremsen sein! Plötzlich blieb sie abrupt stehen und atmete tief die würzige, kühle, herbstliche Waldluft ein. Sie roch herrlich nach Harz und moderndem Laub.

„Also, was ist eigentlich los mit den Bäumen und den Blättern, Opa?"

„Komm, wir setzen uns da auf die Bank. Und dann beantworte ich dir deine Frage."

Damit kannte Herr Klement sich aus. Er war nämlich früher Lehrer gewesen und er hatte unter anderem Biologie unterrichtet.

Beide machten es sich so bequem, wie es auf dem harten Holz ging. Jetzt sah Klara ihren Opa erwartungsvoll mit großen Augen an.

„Was für eine Jahreszeit kommt nach dem Herbst?", fragte er.

Klara verdrehte die Augen.

„Ach, Opa, das weiß doch jedes Baby: der Winter natürlich!"

„Genau. Im Frühling und im Sommer trinkt der Baum mit seinen Wurzeln Wasser aus dem Boden. Aber im Winter geht das nicht mehr oder kaum noch. Wenn die Erde gefriert, also das Wasser darin zu Eis wird, sowieso nicht. Dann würde er verdursten, wenn er noch die ganzen Blätter mit Wasser versorgen müsste. Also wirft er sie ab."

„Und dann sieht es aus, als wäre der Baum tot."

„Richtig. Das ist er aber nicht."

„Woran merkt man das?"

„Nun, da du ein so kluges Mädchen bist, weißt du ja, dass auch der Winter einmal vorbeigeht. Und dass darauf der Frühling folgt. Und was im Frühling mit den Bäumen passiert."

Klara runzelte die Stirn und dachte nach. Dann erhellte sich ihr Gesicht.

„Klaro! Dann wachsen wieder neue Blätter und die sind knackig grün!"

„Genau", sagte Herr Klement und stand auf. Er griff nach einem Eichenzweig, der über der Bank hing. Er brach ihn ab.

„Siehst du diese kleinen Knubbel an den Spitzen?"

„Ja."

„Das nennt man Knospen. Und genau aus denen werden im Frühling die neuen Blätter."

„Ist ja irre, dass man das jetzt schon sehen kann!"

„Weißt du, was ein Prophet ist?"

„Nee."

„Das ist jemand, der heute schon sagen kann, was später einmal passieren wird. Und genau das tun diese Blattknospen."

„Quatsch – die können doch gar nicht sprechen."

„Nein, sprechen können sie nicht. Und dennoch zeigen sie uns: Der Winter ist nicht das Ende. Und wenn es noch so kalt und stürmisch und dunkel wird. Nächstes Jahr kommt wieder der Frühling. Und dann werden die Bäume wieder quicklebendig. So lebendig wie du. Daran erinnern uns diese Knospen. Ich nenne sie deshalb Propheten der Hoffnung."

„Cool!"

„Ja. Das hat Gott echt cool eingerichtet."

„Opa, fahren wir jetzt nach Hause? Ich hab Hunger auf Kekse und Durst auf Kakao!"

Für die Katz

In den Herbstferien durfte die sechsjährige Klara mit ihren geliebten Großeltern verreisen. Für eine Woche ging es in die Niederlande. Ihre Oma wäre ja auch gerne mal mit der Bahn gefahren. Aber Opa bestand darauf, den guten alten VW Käfer zu benutzen.

In Amsterdam hatte Herr Klement in einem Hotel zwei Zimmer reservieren lassen für seine Frau, für seine Enkeltochter Klara und für sich selbst. Am nächsten Tag wollten sie einiges unternehmen.

Jetzt saßen die drei in einem Restaurant und genossen ihr Abendessen.

„Opa, du wolltest doch mal von der Katze erzählen, die ihr hattet, als du noch ein Kind warst. Das hast du mir versprochen!", sagte Klara auf einmal.

„Stimmt, Prinzesschen. Meine Mutter wollte eigentlich kein Haustier. Aber weil vor allem meine Schwester Christine und ich uns so sehr ein Kätzchen wünschten, gab sie schließlich nach. Zu der Zeit hatten die Bauern schräg gegenüber gerade keine Jungtiere. Da hat Mutter wohl gehofft, wir würden das wieder vergessen."

„Das habt ihr aber nicht, oder?"

„Nein. Es dauerte nicht lange, da entdeckte ich im Stroh ein Nest mit jungen Katzen. Die Bäuerin erlaubte mir, eins auszusuchen. Ich nahm ein pechschwarzes Katerchen. Das brachte ich stolz und glücklich nach Hause. Meine Mutter war natürlich nicht begeistert. Aber sie hätte nie ein Versprechen zurückgenommen. Allerdings hatten wir nichts für den kleinen Kerl. Außer einen Namen. Den habe ich ausgesucht: Blacky. ‚Black' bedeutet nämlich ‚schwarz' auf Englisch."

„Das passte gut, finde ich."

„Ja. Mutter hat ihm dann erst mal in der Küche einen Wischlappen auf den Boden gelegt als provisorisches Bettchen. Ich habe ihn dort draufgesetzt. Er hat sofort Pipi gemacht. Er hielt das wohl für eine Katzentoilette. Du weißt ja: Stubentiger sind von klein auf sehr reinliche Tiere. Dann hat er alle vier Ecken fein säuberlich zur Mitte zusammengelegt, um sein kleines Geschäft zuzudecken. Damit hatte er das Herz meiner Mutter gewonnen."

„O wie niedlich!"

„Ach, Klara, der Kater hätte dir echt gefallen. Mit dem konnte man alles machen. Meine Schwester hat ihm mal Puppenkleider angezogen. Dann hat sie ihn in ihren Puppenwagen gelegt, mit einem Kissen zugedeckt und ihn so spazierengefahren. Das hat den nicht gestört."

„Wahnsinn!"

„Aber mich liebte er am meisten. Katzen suchen sich oft eine Lieblingsperson aus, weißt du?"

„Ich hätte mich auch für dich entschieden, Opa. Du bist der Beste!"

„Danke, mein Schatz! Später ging ich ja zur Schu-

le und kam mittags meistens ziemlich müde nach Hause. Dann habe ich mich nach dem Essen erst mal auf mein Bett gelegt und ein Karl-May-Buch gelesen. Währenddessen lag Blacky auf meiner Brust und wandte mir sein Gesichtchen zu. Er wurde natürlich ausgiebig gestreichelt und schnurrte wie ein Dieselmotor."

„Das kann ich mir vorstellen."

„Dann machte ich meine Hausaufgaben. In dieser Zeit schlief er auf meinem Schreibtisch. Manchmal dauerte es ihm zu lange. Deshalb versuchte er, mit seinem Pfötchen den Stift anzuhalten, mit dem ich schrieb."

„Echt? Toll!"

„Vorher gab's aber erst mal einen Wettlauf zu meinem Schreibtischstuhl. Erreichte er ihn zuerst, dann machte er sich dort ganz breit. Er war ja anfangs noch ziemlich klein. Aber für mich war da kein Platz mehr. Also habe ich einfach den Stuhl so schräg gehalten, dass er runterfiel."

„Und so was nennt sich Tierfreund", sagte Klara grinsend.

„Im Winter hatten wir draußen bei Frost manchmal eine Glitsche. So nannten wir das. Das war ein längeres Stück spiegelblankes Eis auf dem Boden. Man nahm Anlauf, sprang auf den Anfang und rutschte auf den Schuhsohlen bis zum Ende. Das machte einen Heidenspaß. Blacky guckte sich das an. Und dann tat er es auch. Es sah zum Piepen aus, wie er da langschlidderte!"

„So eine Katze hätte ich auch gerne", wünschte sich das Mädchen.

„Abends, wenn wir zum Fernsehen auf dem Sofa saßen, legte er sich gerne zwischen meine Schwester Christine und mich. Und zwar längs. Dann nahmen wir jeder eine Vorder- beziehungsweise Hinterpfote von ihm in die Hand. Das fand er gut und schlief so ein."

„Ist ja irre!"

„Ich kann mich an noch etwas Lustiges erinnern: Einmal bekam ich zu Weihnachten eine elektrische Eisenbahn. Die fuhr auf dem Fußboden auf einem kleinen Schienenkreis immer im Kreis herum. Die einfache Lok zog ein paar Waggons. Am Ende zuckelte eine rote Kipplore. Und die konnte Blacky nicht leiden. Er legte sich hin und sah sich das an. Und wenn dieses Wägelchen an ihm vorbeikam, versetzte er ihm einen Schlag. Es flog dann von den Schienen, und der ganze Zug entgleiste."

Klara lachte. „Das war ja wirklich ein witziger Kater!"

Herr Klement winkte ab.

„Ich könnte dir noch mehr solche Sachen von ihm erzählen. Aber was du jetzt gehört hast, zeigt dir eins wohl sehr eindrücklich: Wenn Gott solche lustigen Tiere macht, muss er echten Humor haben!"

„Opa, kriege ich von dir zum Geburtstag ein Kätzchen?"

„Ich werde mal mit deinen Eltern darüber reden."

„Früher war alles besser!“

Der November ist wohl der unbeliebteste Monat. Außer in Australien auf der anderen Seite der Erde – da ist dann nämlich Sommer. Aber bei uns herrscht in dieser Zeit meistens neblig-trübes, nasskaltes Wetter.

An einem solchen Tag kämpfte ein kleines Mädchen mit seinem schicken rosa Regenschirm gegen Wind und Wassergüsse an.

„Komm schnell rein, mein Schatz“, sagte Frau Klement, als sie ihrer Enkelin die Tür öffnete. „Bei dem Wetter jagt man ja keinen Hund vor die Tür!“

„Ich bin aber kein Hund!“

„Das weiß ich – man sagt das halt so.“

„Ach so.“

Sie rannte in die ausgebreiteten Arme ihres geliebten Opas, der extra dafür in die Hocke gegangen war. „Hoffentlich komme ich hinterher wieder hoch“, dachte er.

„Na, ihr zwei Hübschen, wo soll's denn heute hingehen?“, fragte seine Frau.

„Bei dem Mistwetter bleiben wir schön hier in der warmen Stube“, meinte Herr Klement.

„Na hör mal, ihr seid doch nicht aus Zucker!“ Seine Frau wollte ihn damit nur foppen. Aber er konterte schlagfertig: „Du hast ja gerade selbst zu Klara gesagt, dass man bei dem Wetter keinen Hund vor die Tür jagt!"

Die drei machten es sich auf den Sesseln und auf dem Sofa im Wohnzimmer bequem. Auf dem Tisch warteten schon Kaffee und Kakao in Thermoskannen sowie ein großer Teller mit Omas superleckeren Schokokeksen darauf, vertilgt zu werden.

„Opa, erzähl mir mal wieder was", bat das Mädchen. Sie wusste, dass sie sich mit so einer Bitte an ihn wenden musste; ihre Oma hörte oft lieber zu, als viel zu reden.

„Wie war das, als du so alt warst wie ich?"

„Lass mich mal überlegen. Das war 1948. Das ist lange, lange her. Wo soll ich da anfangen, und wo soll ich aufhören?" Er kratzte sich am Kopf.

„Die andere Oma sagt immer, dass früher alles besser war. Findest du das auch?"

„Diese Frage kann ich nur mit einem klaren ‚Jein' beantworten", sagte Herr Klement lächelnd.

„Was soll das denn heißen?" Klara legte nachdenklich ihre Stirn in Falten. Dabei sah sie zu niedlich aus!

„Das ist ein Ja und ein Nein zugleich", erklärte ihr Großvater. „Manches war damals wirklich besser, aber so einiges war eindeutig schlechter."

„Erzähl mal. Was war denn zum Beispiel besser?"

„Na ja, du weißt ja, dass ich in einem kleinen Dorf aufgewachsen bin. Damals gab es noch wenig Autos, und meine kleine Schwester Christine und ich konnten gefahrlos auf der Straße vor unserem Haus spielen. Nur ab und zu mussten wir mal den Weg frei machen für einen Traktor, einen Lastwagen oder ein Personenfahrzeug."

„Echt? Das kann ich mir kaum vorstellen!"

„Das war aber so. Gut war auch, dass bei uns keiner seine Haustür abschließen musste, wenn er wegging. Jeder kannte jeden, und nie wurde etwas gestohlen."

„Boah – bei unseren Nachbarn haben sie gerade kürzlich wieder eingebrochen und Schmuck, Fernseher und Computer geklaut."

„Und dann gab es damals noch richtige Winter. Es war viel kälter als heute, und der Schnee blieb oft lange liegen. Da hatten wir viel Spaß beim Schlittenfahren."

„Opa, da wäre ich zu gerne dabei gewesen! Heute taut ja meistens gleich alles wieder weg, besonders bei uns hier in der Stadt. Dann war ja anscheinend damals doch alles besser!"

„Nein, mein Schatz, das war es nicht. Wie du weißt, hatten wir damals noch keine Computer. Kannst du dir vorstellen, ohne Internet auszukommen?"

„Nee, Opa, das geht doch gar nicht!"

„Und noch etwas hätte dir damals gar nicht gefallen: Es dauerte noch ein paar Jahre, bis es die ersten Fernseher gab. Und die waren so teuer, dass wir uns erst viel später einen leisten konnten. Wir haben zuerst oft bei den Nachbarn mit fernsehen dürfen. Aber die Bildröhre war kleiner als ein Fußball. Und alles war noch nicht in Farbe, sondern nur schwarzweiß."

„Das gibt's doch nicht!"

„Doch, das war damals so. Außerdem hatten wir anfangs nur ein Programm und später zwei. Und die fingen erst am späten Nachmittag an zu senden. Und gegen Mitternacht war dann schon wieder Schluss bis zum nächsten Tag."

„Opa, hör auf zu flunkern – darauf fall ich nicht rein!"

„Klara, das war damals wirklich so." Oma nickte ernst. „Ja, mein Schatz, das kannst du uns glauben."

Und sie fügte hinzu: „Schlimm war auch, dass es noch keine Waschmaschinen gab. Meine Mutter behauptete ja auch immer, dass früher alles besser war. Dabei hat sie vergessen, wie anstrengend es war, die Wäsche im Keller im großen Waschkessel zu kochen. Sie wurde dann mit der Hand und einem Stück Seife auf einem geriffelten Waschbrett geschrubbt. Dann wurde sie gespült. Auch von Hand. Schließlich wurde sie durch eine Mangel gekurbelt, um das Wasser rauszuquetschen. Und zuletzt musste man sie auf Wäscheleinen aufhängen. Was ein Trockner war, wusste damals noch keiner."

„Deshalb sage ich immer", ergänzte Herr Klement nachdenklich, „wer behauptet, dass früher alles besser gewesen ist, der hat ein sehr schlechtes Gedächtnis. Und noch eins war damals viel schlechter als heute: Die Leute starben viel früher. Mein Vater ist ja schon im Krieg gefallen, wie man so sagt. Und meine Mutter ist auch nie so alt geworden, wie ich heute bin."

Jetzt wurde Klara ganz aufgeregt.

„Oma und Opa – ihr müsst mir fest versprechen, dass ihr beide ganz doll alt werdet", bat Klara flehentlich.

„Wir geloben hoch und heilig, dass wir uns die größte Mühe geben werden", antwortete Frau Klement.

Damit war die kleine Prinzessin zufrieden.

Das Wichtigste
nicht vergessen

Von drauß' vom Walde komm ich her;
ich muss euch sagen, es weihnachtet sehr!

Dieses Gedicht von Theodor Storm hatte Klara Klement kürzlich in der Schule auswendig gelernt. Natürlich ganz, von vorne bis hinten. Als sie an diesem Adventsnachmittag zu ihren Großeltern ging, weihnachtete es allerdings gerade nicht so sehr. Es regnete. Für Schnee war es viel zu warm. Dafür waren aber die Straßen festlich erleuchtet. Aus den offenen Türen mancher Geschäfte erklang „Kling, Glöckchen, klingelingeling" oder „Schneeflöckchen, Weißröckchen" oder „Morgen, Kinder, wird's was geben". Da kamen trotz allem Weihnachtsgefühle auf.
Ihre Oma brauchte mal wieder „dringend" die Hilfe ihrer Enkelin. Zusammen schmückten die beiden Mädels die Wohnung adventlich: Sie hängten einen beleuchteten Stern in ein Fenster und eine Lichterkette in ein anderes. Frau Klement hatte einen Tannenkranz gekauft. Aber die vier dicken, roten Kerzen und weitere Dekoration brachten die zwei selbst an. Danach stellten sie ihn auf den Wohnzimmertisch. Auch die wunderschöne alte

Weihnachtspyramide aus dem Erzgebirge bekam einen Ehrenplatz. Und frische Kerzen ebenso.

Dann sagte die Großmutter: „Wir dürfen das Wichtigste nicht vergessen."

„Ach, Oma, an die Geschenke werden wir doch aber ganz bestimmt denken!"

„Nein, Klara, die meine ich nicht."

Klara dachte nach. Was konnte dann das wichtigste sein? Ach ja – natürlich!

„Wir müssen Opa daran erinnern, rechtzeitig einen Christbaum zu besorgen. Sonst schleppt er wieder auf den letzten Drücker so eine krumme Krücke an." Das tat er jedes Jahr, wenn Oma und Enkelin nicht aufpassten. Und sie machten gerne Witze darüber:

„Weißt du noch, wie hübsch hässlich unser Baum letztes Jahr war?"

„Erinnere mich bloß nicht dran!"

Und beide kicherten. Herr Klement wunderte sich nur. Schließlich sparte er so eine Menge Geld!

„Richtig", sagte sie zu Klara. „Es wäre wirklich schön, wenn wir *einmal* eine geradegewachsene Tanne hätten. Aber das meine ich nicht. Wir dürfen das Wichtigste nicht vergessen."

„Stimmt, wir müssen auch eine Gans kaufen. Ohne die ist Weihnachten nicht Weihnachten."

„Die wartet schon im Gefrierschrank", lächelte die Oma. „Nein, wir dürfen das Wichtigste nicht vergessen."

Das Mädchen runzelte die Stirn. Das meinte sie also auch nicht? Dann fiel ihr noch etwas ein.

„Wir müssen daran denken, wieder am ersten Feiertag mit der ganzen Familie ins Seniorenheim zu gehen. Da singen wir ja immer den Bewohnern Weihnachtslieder vor."

„Das auch. Aber das ist auch nicht das Allerwichtigste."

„Mensch, Oma! Jetzt mach es doch nicht so spannend! Was ist denn wichtiger als alles andere an Weihnachten?"

„Na, was feiern wir denn?"

„Den Geburtstag von Jesus!"

„Genau. Aber daran denken die meisten Leute am Christfest leider gar nicht. Sie feiern Geburtstag ohne das Geburtstagskind."

„Wie soll es denn auch anders gehen? Jesus ist doch längst nicht mehr auf der Erde!"

„Nein, aber wir können an ihn denken. Wir dürfen also nicht vergessen, an Heiligabend in die Kirche zu gehen. Und zu Hause lesen wir dann in der Bibel nach: Wie war das damals, als Jesus in einem Stall geboren und in eine Futterkrippe gelegt wurde?"

„Au ja! Darauf freue ich mich schon", sagte Klara. Und dann fügte sie ehrlicherweise hinzu:

„Und auf die Geschenke."

Backe, backe Plätzchen!

Mitte Dezember lud Frau Klement ihre kleine Enkelin Klara zu einem „Mädels-Tag" ein. Daran
durfte Opa natürlich nicht teilnehmen.
Oma sagte, sie hätte viel mit der sechsjährigen jungen Dame vor. Sie hatte deshalb mit Mama und
Papa vereinbart, dass die Kleine übers Wochenende bei den Großeltern bleiben sollte. Der gefiel
das: auswärts übernachten – cool! Schon am späten Samstagvormittag lud Papa sie mit Sack und
Pack bei seinen Eltern ab. Gleich nach dem Essen
ging es los. Die beiden Damen zogen sich in die
Küche zurück, wo Opa heute keinen Zutritt hatte.
Der würde ja sonst nur im Weg stehen!
„Willkommen in der Weihnachtsbäckerei", sagte
Frau Klement fröhlich, während sie die Tür hinter sich schloss. „Plätzchen backen ist angesagt! Ich
habe schon einiges vorbereitet, und ich brauche
dringend deine Hilfe."
„Au ja! Super, Oma! Du bist einsame Spitze!", ju-
belte das Mädchen, als die Großmutter ihr eine
Schürze umband.
Und dann ging es los: Da wurden Zutaten abgewo-
gen und in eine Schüssel getan. Teig wurde gerührt,
geknetet und ausgerollt. Und dann kam das Wichtigste und Schönste für Klara: Sie hatte die ehren-
volle Aufgabe, die Plätzchen auszustechen. Dafür

hatte Oma die verschiedensten Förmchen: diverse Sterne, Halbmonde, Tannenbäume, Glocken und … und … und … Natürlich musste der Teig auch ausgiebig probiert werden – das ist ja klar.

Die Backerei artete richtig in Arbeit aus. Klara war mit Begeisterung und Feuereifer dabei. Zumal ihre Oma immer wieder lobte, wie gut sie ihre Sache machte. Frau Klement sortierte die rohen Plätzchen auf die Bleche. Danach schob sie immer gleich zwei davon in den vorgeheizten Umluftofen. Dann wurden die nächsten Weihnachtsleckereien vorbereitet: Vanillekipferl, Kokosmakronen, Brezeln und Bethmännchen. Als sie alle fertig waren, hatte sich ein großer Vorrat angesammelt. Natürlich probierten die beiden Konditorinnen sämtliche Sorten. Auch dem Großvater wurden Kostproben gebracht. Ihm schmeckten sie ebenfalls ausgezeichnet.

Über all der Arbeit merkten die beiden fleißigen Mädels gar nicht, wie schnell die Zeit verging. Mittlerweile war es dunkel. Da die zwei keinen Hunger hatten, ließen sie das Abendessen ausfallen.

Frau Klement fing an, die Küche aufzuräumen.

„Sag Opa, dass er dich bitte ins Bett bringen soll. Du schläfst ja gleich im Stehen ein!"

„Aber was machen wir jetzt mit dem ganzen Gebäck? Das können wir doch niemals aufessen!"

„Natürlich nicht", antwortete Frau Klement. „Ich weiß schon, was damit geschehen soll. Das wirst du morgen sehen. Lass dich überraschen!"

Als Klara am nächsten Tag gut ausgeschlafen aufstand, war das ganze Backwerk in Plastikbehältern verstaut. Ein kleiner Teil davon blieb in Omas Küche. Das meiste aber hatte sie bereits in Opas altem VW Käfer untergebracht. Damit fuhren die beiden nach dem Frühstück in den Stephansstift, ein großes Seniorenheim.

Oma erzählte ihrer Enkelin, dass sie am Abend noch die Kekse in kleine bunte Stoffsäckchen verpackt und mit jeweils einer roten Schleife versehen hatte. Die sollten jetzt an die Bewohner verteilt werden.

„Wie viele Leute gibt's da denn?", wollte das Mädchen wissen.

„Über hundert."

„Aber das reicht doch niemals für alle!"

„Nein, wir beschenken nur diejenigen alten Leute, die kaum besucht werden. Die bekommen wohl auch nichts zu Weihnachten außer vom Heim", erklärte Frau Klement.

Und dann gingen die beiden durch die Zimmer. „Fröhliche Weihnachten", sagte Klara jedes Mal. Sie beschenkte die alten Leute nicht nur mit dem Backwerk, sondern auch mit ihrem unwiderstehlichen Lächeln. Beides wurde überall dankbar angenommen. Manche Bewohner konnten nicht mehr sprechen. Aber ihr Strahlen sagte mehr als Worte es vermögen.

„Oma, das hat mir ganz, ganz großen Spaß gemacht", sagte das Mädchen begeistert, als die beiden wieder zurück in der Wohnung der Großeltern waren.

„Eins musst du dir unbedingt merken, mein Mäuschen", sagte Frau Klement lächelnd. „Wenn du wirklich glücklich werden willst, musst du andere Menschen glücklich machen. Jesus hat das so ausgedrückt: ‚Geben ist seliger als nehmen.'"

Nachdenklich legte Klara ihre Stirn in Falten. „Das verstehe ich nicht so ganz", sagte sie.

„Musst du auch nicht, Süße", sagte ihre Großmutter und gab ihr ein Küsschen auf die Wange. „Wenn du groß bist, wirst du dich daran erinnern und es begreifen. Und dann wirst du an mich denken."

„Du Apfelkuchen!"

Familie Klement junior hatte Besuch: Klaras andere Großeltern, also die Eltern ihrer Mama. Sie sah sie nicht so oft, weil sie in Süddeutschland wohnten. Die waren aber auch schwer in Ordnung. So ähnlich wie Oma und Opa Klement. Böhringer hießen sie. So lautete natürlich auch der Mädchenname von Klaras Mama.

Klara war ganz schön helle und neugierig bis zum Gehtnichtmehr. Für sie gab es kaum etwas Schöneres, als dass Oma oder Opa ihr etwas erzählten, was sie in ihrer Kindheit erlebt hatten. Und davon gab es glücklicherweise eine ganze Menge. Manchmal vergaßen sie dabei aber, dass für ihre Enkelin die eine oder andere Geschichte nicht mehr neu war.

„Oma, das kenne ich schon!", rief das Mädchen dann ungeduldig.

Jetzt hatte Klara endlich Gelegenheit, auch mal etwas von ihren anderen Großeltern zu hören. Und die nutzte sie.

„Oma? Wie war eigentlich meine Mama als Kind? Erzählst du mir was davon?"

Frau Klement junior gefiel das gar nicht. „Lass doch die ollen Kamellen, Mutti. Das ist doch schon so lange her."

„Warum soll ich der Kleinen das nicht erzählen,

Elisabeth? Das ist doch keine Schande!", antwortete Frau Böhringer. „Also. Wir haben damals viel gesungen, in der Kirche und auch zu Hause. Und deine Mama war zu der Zeit etwa vier Jahre alt. Deshalb verstand sie manche Liedtexte noch nicht so recht. Also hat sie sie einfach umgedichtet."

„Zum Beispiel?"

„Zum Beispiel das Weihnachtslied ‚Fröhlich soll mein Herze springen‘. Deine Mutter sang stattdessen ‚Fröhlich soll mein Herz *zer*springen‘."

Alles schmunzelte. Nur Klaras Mutter nicht. Die fand das peinlich.

„Noch ein Weihnachtslied: ‚Ihr Kinderlein, kommet.‘ Aus ‚Hoch droben schwebt jubelnd der Engelein Chor‘ wurde bei der kleinen Elisabeth ‚Hoch droben schwebt Joseph den Engeln was vor‘."

Die allgemeine Heiterkeit nahm noch zu.

„Oder das Abendlied ‚Nun ruhen alle Wälder‘. Das endet mit den Worten ‚Dies Kind soll *unverletzt* sein.‘ Deine Mama verstand es so: ‚Dies Kind soll *unser letztes* sein‘."

Die Enkelin lachte – das gefiel ihr. Ihrem großen Bruder Leon (zehn Jahre alt) übrigens auch.

„Jetzt ist es aber genug, Mutti", protestierte Frau Klement junior.

„Nein. Eine Geschichte muss noch sein. Eines Tages spielte unsere kleine Elisabeth draußen. Da muss sie auch noch so etwa vier Jahre alt gewesen sein. Plötzlich klingelte es an der Tür. Ich

öffnete. Sie kam herein und ging wortlos an mir vorbei. Wir hatten damals einen langen Flur. Sie ging bis an dessen Ende. Ich folgte ihr unbemerkt. Sie hatte mir den Rücken zugewandt. Leise sagte sie ‚Scheiße'. Dann drehte sie sich um, ohne mich eines Blickes zu würdigen. Sie begab sich wieder in den Garten und spielte weiter, als ob nichts gewesen wäre."

Klara prustete vor Lachen.

„Sie muss das Wort wohl irgendwann von anderen Kindern gehört haben", erklärte Frau Böhringer. „Sie wusste oder ahnte anscheinend, dass man so was nicht sagt. Von uns kannte sie es jedenfalls nicht. Aber sie hatte das dringende Bedürfnis, es ein einziges Mal auszusprechen. Und dafür wählte sie halt diesen Weg. Wir haben es danach nie mehr von ihr gehört."

„Niedlich", sagte Klaras Papa. Er kannte diese Begebenheit schon. Aber er amüsierte sich immer wieder darüber.

„Uns beiden verbietet sie auch immer, uns schlimme Wörter an den Kopf zu schmeißen, wenn wir aufeinander böse sind", merkte Leon an.

Klaras und Leons Eltern gaben sich große Mühe mit der Erziehung ihrer Kinder. Sie sollten lernen, allen Menschen mit Respekt, Freundlichkeit und Höflichkeit zu begegnen. Schließlich sind wir ausnahmslos Geschöpfe Gottes. Ob klein oder groß, ob schwarz oder weiß, ob Mann oder Frau, ob jung oder alt.

„Genau", stimmte Klara zu. „Wir sollen stattdessen ‚Apfelkuchen' sagen. Das ist ja eigentlich albern. Aber es hilft genauso, Dampf abzulassen."
Sie sah ihren Bruder schelmisch an. „Nicht wahr, mein lieber Apfelkuchen?"
„Selber Apfelkuchen!"
„Wie viel schöner wäre doch die Welt, wenn niemand ein schlimmeres Schimpfwort benutzen würde als ‚Apfelkuchen'", seufzte Opa Böhringer.

Der rettende Gesellenbrief

Immer noch waren Herr und Frau Böhringer, die Eltern von Klaras Mama, zu Besuch. Die weite Fahrt aus dem Süden musste sich ja lohnen. Und da Familie Klement junior ein großes Gästezimmer hatte, blieben die Großeltern für ein paar Tage.

Man hatte sich viel zu erzählen. Das meiste davon interessierte den sechsjährigen kleinen Wirbelwind nicht – langweiliger Erwachsenenkram. Aber sie hatte erkannt, dass die Großen auch Spannendes und Witziges berichten konnten. Das hörte sie unheimlich gerne.

Eines Tages saß die Großfamilie nach dem Mittagessen noch zusammen. Der Gesprächsstoff ging ihnen nie aus. Jetzt schaltete Klara sich ein:

„Opa Böhringer, erzähl du doch auch mal was von früher. Zum Beispiel vom Krieg."

„Ach, Schätzchen, da war ich noch so klein. Deshalb kann ich mich daran nicht erinnern. Aber mein Vater war Soldat und hat in dieser Zeit viel erlebt. Er ist ja letztes Jahr mit fünfundneunzig Jahren gestorben. Darum bin ich froh, dass er mir davon einiges Interessantes berichtet hat. Sonst hätte er das alles sozusagen mit ins Grab genommen."

„Na, dann mal los! Ich höre so was gerne!"

„Mein Großvater war Schneider, und die Familie meines Vaters musste immer mit wenig Geld auskommen. Mein Vater hat Bäcker gelernt. Das war fast die einzige Möglichkeit für ihn damals. Er bestand seine Gesellenprüfung. Er war allerdings unzufrieden damit, dass sein Lohn immer noch so gering war."

„Und was hat er dann gemacht?"

„1939 begann der Krieg. Mein Vater meinte damals noch, dass es richtig war, dass Deutschland in Polen einmarschierte und danach noch in andere Länder. Das war natürlich Unsinn. Aber das wurde den Leuten damals eingeredet. Und sie glaubten das. Dann hörte dein Uropa, dass die Luftwaffe junge Männer suche. Und dass die besser bezahlt würden als Bäcker. Also meldete er sich freiwillig."

„Ist er dann ein richtiger Pilot geworden?"

„Nein, Funker. Er wurde später in Russland eingesetzt. In der Etappe, wie man so sagte. Das heißt in halbwegs sicherer Entfernung von den Kämpfen. Inzwischen reichten die Kriegsfreiwilligen nicht mehr. Immer mehr junge Männer wurden eingezogen."

„Eingezogen?"

„Ja. Die mussten auch Soldaten werden. Ob sie wollten oder nicht. Und mein Vater hörte immer wieder Folgendes: Viele von denen wurden gleich an die Front geschickt. Da mussten sie auf den sogenannten Feind schießen. Und ein ganz großer Teil ist gleich in den ersten Tagen gefallen."

„Gefallen?"

„Das bedeutet, dass sie ums Leben gekommen sind."

„Wie schrecklich!"

„Ja, aber mein Vater glücklicherweise nicht. Er sagte, er musste die ganzen sechs Jahre des Krieges nicht einen einzigen Schuss abgeben. Dass er sich freiwillig gemeldet hat, das hat ihm wahrscheinlich das Leben gerettet. Aber er sagte immer, es war alles Gottes Gnade."

„Was heißt denn das schon wieder?"

„Das Wort ‚Gnade' meint: Wir bekommen etwas, was wir nicht verlangen können. Ein unverdientes Geschenk sozusagen."

„Ach so."

„Als der Krieg dann endlich zu Ende ging, kam mein Vater zurück nach Deutschland. Nach Berlin, wo er aufgewachsen war. Er wurde von den Russen gefangengenommen. Er kam in ein Lager. Und er wusste: Von da aus sollte es in ein paar Tagen nach Russland gehen. Und ihm war klar: Da wurden die deutschen Kriegsgefangenen sehr schlecht behandelt. Davor hatte er natürlich große Angst."

„Au weia! Und was war dann?"

„Dazu passen zwei Sprichwörter. Das eine lautet: ‚Not macht erfinderisch' – wenn man Probleme hat, muss man sich was einfallen lassen. Und das andere: ‚Frechheit siegt.' Das brauche ich dir wohl nicht zu erklären, nicht?"

„Bestimmt nicht", warf Klaras Papa ein. „Mit Frechheit kennt unsere Tochter sich aus."

Die Kleine zwinkerte ihrem Papa schelmisch zu.

„Mein Vater beobachtete, dass manche Leute das Lager verlassen durften. Die brauchten dazu einen

besonderen Erlaubnisschein. Der wurde am Ausgang von einem bewaffneten russischen Soldaten kontrolliert. So etwas besaß mein Vater aber nicht. Er wusste jedoch: Die Russen haben ein ganz anderes Alphabet als wir. Die meisten von ihnen konnten unsere Schrift nicht lesen. Und der Wachtposten verfügte sicherlich auch über so gut wie keine Deutschkenntnisse."

„Ja und? Was hat Uropa dann gemacht?"

„Er hat all seinen Mut zusammengenommen. Schließlich ist er zum Ausgang gegangen und hat dem Soldaten seinen Gesellenbrief gezeigt. Das war ein Dokument, das bewies, dass er ausgelernter Bäcker war. Mehr nicht."

„Und dann?"

„Der Russe hielt das für einen Erlaubnisschein und ließ den Deutschen gehen. So wurde mein Vater vor der Kriegsgefangenschaft bewahrt."

„Toll!" Klara klatschte vor Freude in die Hände.

„Ja", sagte Herr Böhringer innerlich bewegt. „Und wir können gar nicht froh und dankbar genug sein, dass wir heute in Frieden leben dürfen."

Stille Nacht, eisige Nacht

Eine Woche vor Weihnachten hatte es doch tatsächlich mal geschneit in der norddeutschen Großstadt. Und die weiße Pracht blieb sogar ein paar Tage liegen. Das gab vielleicht ein Verkehrschaos! Schließlich überrascht viele Leute seltsamerweise im Dezember nichts mehr als Schnee und die Feiertage.

Klara Klement machte an diesem frostig kalten Nachmittag mit ihrem heißgeliebten Opa einen ausgedehnten Spaziergang. Beide genossen das Geräusch des knirschenden Pulverschnees unter ihren Stiefeln. Als sie wieder in die großelterliche Wohnung zurückkehrten, waren die Wangen und das Stupsnäschen der Sechsjährigen ganz rot geworden. Das entzückte ihren Großvater.

Wenig später saßen die beiden zusammen mit der Großmutter im gut geheizten Wohnzimmer und wärmten sich an einer Tasse heißem Kakao beziehungsweise Kaffee auf. Dazu gab es Omas selbstgebackene Plätzchen.

„In ein paar Tagen ist Weihnachten", erinnerte Herr Klement seine Enkelin. „Was dir das Christkind wohl bringen wird?"

Die Kleine war empört: „Opa, an so einen Babykram glaube ich schon lange nicht mehr!"

Doch dann fiel ihr etwas ein. „Wie habt ihr eigentlich Weihnachten gefeiert damals in deiner Kindheit?"

Herr Klement dachte nach. Auf einmal war er wieder ein kleiner Flüchtlingsjunge in einem damals noch fremden Dorf in Norddeutschland …

„Du weißt ja: Wir sind im Januar 1945 als Flüchtlinge aus Ostpreußen hierher in diese Gegend gekommen. An das erste Weihnachtsfest in der neuen, fremden Heimat kann ich mich nicht erinnern. Da war ich ja erst drei Jahre alt. Aber 1946 war das schon etwas anders. Und was ich vergessen habe, das hat meine Mutter uns kleineren Kindern immer wieder erzählt."

„Dann war das wohl auch ein ganz besonderes Weihnachten, lieber Opa?"

„Das kann man wohl sagen, mein Schatz. Wir besaßen ja fast nichts. Wir hatten so gut wie alles in Gumbinnen in Ostpreußen zurücklassen müssen. Damals wussten wir auch nicht, was aus meinen Großeltern geworden war. Die waren nämlich nicht mitgekommen."

„Was gab es denn an Heiligabend bei euch zu essen?"

„Das weiß ich nicht mehr genau. Auf jeden Fall hatten wir keinen Weihnachtsbraten. Damals war die Nahrung ja so knapp, dass man für alles Lebensmittelkarten brauchte."

„Was ist das denn?"

„Süße, sei froh, dass du das bisher nicht wusstest. Jeder Mensch bekam genau zugeteilt, wieviel Brot,

Gemüse, Fett, Mehl, Zucker, Fleisch usw. er pro Woche kaufen konnte. Im Laden musste man dann für das Gewünschte nicht nur Geld rausrücken. Es wurde auch immer ein entsprechender Teil der Lebensmittelkarte abgeschnitten. Wenn da nichts mehr übrig war, bekam man auch nichts mehr. Das musste man sich also gut einteilen. Wir haben also wahrscheinlich wieder eine dünne Suppe gegessen. Vielleicht waren an den Feiertagen ein paar kleine Stücke Fleisch drin."

„Und davon seid ihr satt geworden?"

„Nee, richtig satt waren wir eigentlich nie."

„Na, dann gab es wohl auch keine Geschenke?"

„Ja und nein. Wochen vorher fragten wir meine Mutter, was wir uns zu Weihnachten wünschen dürfen. Da hat sie uns traurig angeguckt und sich eine Träne abgewischt. Und dann hat sie gesagt: ‚Wünschen könnt ihr euch alles. Aber ich fürchte, das Christkind kann es euch dieses Jahr nicht bringen.'"

„Hattet ihr denn wenigstens einen schönen Christbaum?"

„So schön es ging. Kaufen konnten wir keinen. Deshalb haben sich meine großen Brüder eine Axt geliehen und abends im Dunkeln eine kleine Tanne im Wald geklaut. Das war natürlich streng verboten, aber das machten damals ganz viele Leute. Meine Mutter hat ein paar Wachskerzen aufgetrieben, und wir haben Strohsterne gebastelt. Damit haben dann Kurt und Georg und meine Mutter am 24. das Bäumchen geschmückt. Wir fanden es wunderschön. Nur sind die Kerzen ziemlich schnell abgebrannt. Und Ersatz hatten wir nicht."

„Aber war es denn dann doch noch wenigstens ein bisschen schön?"

„Na ja, zuerst überhaupt nicht. Meine Mutter weinte, weil sie unseren Vater so sehr vermisste. Der war vor zwei Jahren im Krieg gefallen. Und weil sie an ihre Eltern dachte. Wir wussten ja nicht, was aus ihnen geworden war. Lebten sie überhaupt noch? Tante Christine und ich weinten, weil wir keine richtigen Geschenke bekommen hatten. Nur Onkel Georg und Onkel Kurt verkniffen sich die Tränen – große Jungen heulen nicht, meinten sie. Im Übrigen saßen wir in unseren Wintermänteln unterm Weihnachtsbaum, denn Holz zum Heizen gab es auch kaum. Wir hätten also statt ‚Stille Nacht, *heilige* Nacht' auch singen können: ‚Stille Nacht, *eisige* Nacht.'"

Klara konnte sich ein Kichern nicht verkneifen.

„Ja, du lachst jetzt. Aber danach war uns damals ganz und gar nicht zumute."

„Was für ein trauriger Heiligabend!"

„Es wurde dann aber doch noch sehr fröhlich. Denn plötzlich klopfte es. Wer konnte das sein? Meine Mutter öffnete die Tür und schrie laut. Fast wäre sie in Ohnmacht gefallen."

„Wer stand denn da draußen? Die Polizei wegen des geklauten Weihnachtsbaums?"

„Nein. Stell dir mal vor – das waren meine Großeltern. Sie waren doch noch rechtzeitig geflohen und hatten uns jetzt nach langem Suchen endlich gefunden."

„O wie schön!"

„Ja. Jetzt kullerten bei uns allen erst recht die Tränen, aber nun waren es Freudentränen."

„Opa, ich fang auch gleich an zu weinen!"

„Und ich erst mal, meine Süße!"

Herr Klement rang um Fassung.

„Glücklicherweise war noch etwas von der Suppe übrig. Und dann hat meine Mutter inbrünstig Gott gedankt für dieses wunderbare Weihnachtsgeschenk. Glaub mir, Klara: Trotz allem war das das schönste Christfest, das ich je erlebt habe."

Bibliografische Information der Deutschen Nationalbibliothek
Die Deutsche Nationalbibliothek verzeichnet diese Publikation
in der Deutschen Nationalbibliografie;
detaillierte bibliografische Daten sind im Internet über
http://dnb.d-nb.de abrufbar.

Bilder
Cover: © Sunny studio/Fotolia.de; S. 10: © ultramarindesign/Shutterstock.com; S. 16: © JiriHoza/Shutterstock.com; S. 20: © mauritius images/Ken Howard Images/Alamy; S. 26: © amberto4ka/Fotolia.de; S. 30: © Robin/Fotolia.de; S. 34: © Osterland/Fotolia.de; S. 40: © flucas/Fotolia.de; S. 46: © Boguslaw Bafia/Shutterstock.com; S. 52: © huythoai/Fotolia.de; S. 58: © mauritius images/Michael Austen/Alamy S. 62: © BillionPhotos_com/Fotolia.de; S. 68: © Melica/Fotolia.de; S. 72: © yanadjan/Fotolia.de; S. 78: © liubovyashkir/Fotolia.de; S. 82: © mrxthelast/Fotolia.de; S. 88: © Light Impression/Fotolia.de; S. 92: © Ксения Коломенская/Fotolia.de; S. 98: © cloudless/Fotolia.de; S. 102: © Anneke/Fotolia.de; S. 108: © Vika/Fotolia.de; S. 112: © Ольга Шапкина/Fotolia.de; S. 118: © Drazen/Fotolia.de; S. 122: © goldbany/Fotolia.de

Besuchen Sie uns im Internet:
www.st-benno.de

Gern informieren wir Sie unverbindlich und aktuell auch in unserem Newsletter zum Verlagsprogramm, zu Neuerscheinungen und Aktionen. Einfach anmelden unter www.st-benno.de

ISBN 978-3-7462-5593-4

© St. Benno Verlag GmbH, Leipzig
Umschlaggestaltung: Ulrike Vetter, Leipzig
Gesamtherstellung: Kontext, Dresden (A)